MA VIE
EN VLOG

Abby en fait des tonnes !

(chaîne YouTube vs collège)

MA VIE EN VLOG

Abby en fait des tonnes !

(chaîne YouTube vs collège)

Emma Moss

Texte traduit de l'anglais
par Aurélie Desfour

Slalom

À trois filles incroyables – Evie, Abigail et Olivia – plus connues sous le nom d'Evablia !
Merci pour l'inspiration ! X

L'édition originale de ce titre a été publiée en anglais pour la première fois en 2016, sous le titre « Amazing Abby Drama Queen », par MacMillan Children's Books, une marque de Pan Macmillan, division de Macmillan Publishers International Limited.

Sur une idée originale de Ingrid Selberg

ISBN 978-2-37554-053-4

Chapitre 1

De : Incroyable_Abby@le-monde-d-abby.com
À : LaVraieRedVelvet100@gmail.com

Salut Tiffany !
Ça m'aurait fait bizarre d'écrire « Salut, RedVelvet ! » Je préfère t'appeler par ton prénom plutôt que par ton pseudo. J'espère que ça ne t'embête pas ? En même temps, ça me fait aussi tout drôle de t'appeler Tiffany, comme si on était copines ! Quelle chance d'avoir pu te rencontrer la semaine dernière, à la collecte de fonds de Springdale, c'était le plus beau jour de ma vie. MERCI PUISSANCE DIX-MILLE de nous avoir donné des conseils, à mes amies et à moi, pour notre chaîne YouTube. On est super fières d'avoir lancé « Ma vie en vlog ». Bientôt, première réunion pour s'organiser ! J'ai hâte que ça se mette en route ! C'est

trop sympa de ta part de nous avoir filé ton adresse email et je me demandais si… 😃 tu pouvais continuer à nous donner des petits conseils de temps en temps ?
Je sais bien que tu as déjà douze millions d'abonnés à gérer.
Si tu n'as pas le temps, pas de souci, je comprends ! ☺
En tout cas, ce serait top de recevoir de tes nouvelles, même un mini commentaire à l'occasion, si tu viens jeter un coup d'œil à un de nos vlogs. J'espère que le lancement de ton parfum s'est bien passé – à Noël, c'est clair, je commande un flacon de Velvet Touch. Je suis sûre qu'il sent INCROYABLEMENT BON !
Abby XOXOXO

— Je suis rentrée !

Abby posa son sac sur le comptoir de la cuisine avant de se servir un verre de Coca.

— T'es là, Josh ?

Silence. Pas de musique assourdissante en provenance de la chambre de son frère aîné.

Josh fréquentait le même collège qu'elle. Malgré cela, il n'était pas rare qu'ils passent des journées entières sans se croiser – et pour le coup, l'absence de ce frère grande gueule à tendance hyperactive l'arrangeait bien.

Quant à sa mère, elle avait prévu de travailler tard. Résultat : Abby avait la maison rien que pour elle.

Bientôt, ses amies la rejoindraient pour la réunion de « Ma vie en vlog ». Abby voulait que tout soit parfait. Lucy, Hermione et Jessie devaient se changer en arrivant (pas moyen de vloguer en uniforme scolaire). Elles n'allaient plus tarder.

— Coucou, Mouflet ! s'exclama-t-elle, en attrapant le petit carlin couleur crème qui fonçait sur elle.

Elle déposa un bisou sur sa jolie petite frimousse écrasée.

— Quelle journée ! Tu m'as manqué. Et moi, je t'ai manqué quand tu es parti en promenade avec Susie ?

Elle partit d'un éclat de rire lorsqu'il lui lécha le visage. Berk ! Il sentait la pâtée pour chien. Susie, sa promeneuse, le sortait au parc quand Josh et elle étaient au collège et leur mère au travail.

Son chien dans les bras, Abby monta les escaliers quatre à quatre. Elle ôta son uniforme. Ouf, cette interminable journée était enfin finie !

Un grand coup de pied dans la porte de son armoire suffit à faire disparaître son uniforme de sa vue. Ça allait déjà mieux ! Elle enfila son petit jean noir favori et un pull tout doux, en laine, rose pastel. Quelle journée stressante ! Les cours avaient duré une ÉTERNITÉ. Son professeur de SVT lui avait fait la morale à cause d'une mauvaise note – tout le monde avait trouvé le contrôle hyper dur, mais apparemment elle était la dernière de la classe. *Il en faut bien une !*

Au déjeuner, Abby avait participé à la répétition de *Grease*. Ils s'étaient éclatés. Ça avait sauvé sa journée, même si elle commençait à paniquer en pensant à la quantité de texte qu'il lui restait à apprendre. Abby avait intégré le casting après tout le monde, pour remplacer Kayleigh (qui avait été virée, ce qui n'avait surpris personne).

— Mouflet, je dois être capable de jouer sans le texte sous les yeux dans deux semaines.

Elle attrapa son chien et se plaça face au miroir.

— Donc en gros, je dois apprendre tout mon texte par cœur. En DEUX SEMAINES. Au secours !

Mouflet lui lança un regard étonné. Elle rit puis se mit à ranger sa chambre. Ce n'était pas le moment de s'inquiéter de tout ça.

Quarante minutes plus tard.

— Je déclare la première réunion officielle de « Ma vie en vlog »... ouverte ! s'écria Abby, en sautant sur son lit et en tapant sur sa bibliothèque à coups de brosse.

— Houlà ! Du calme, madame la présidente, pouffa Jessie, affalée sur la moquette.

Un bol de crème fraîche et de bretzels à l'oignon tenait en équilibre précaire sur son ventre.

— Tu en fais du bruit !

Abby se laissa retomber sur son lit.

— Comment veux-tu réussir à vous faire taire, sinon ? répondit-elle en souriant. Bon, maintenant que j'ai votre attention – HUM ! HUM ! – j'ai dit maintenant que j'ai votre ATTENTION...

Elle s'interrompit et lança des regards noirs à Lucy et à Hermione. Celles-ci venaient de découvrir le panier où Abby rangeait ses vernis à ongles et elles étaient déjà occupées à les tester l'une sur l'autre.

— C'est bon, Abby, on t'é-t'écoute, souffla Lucy tandis qu'Hermione murmurait quelque chose, à propos du rose qui n'était pas sa couleur. Quel est le pre-premier point à l'ordre du jour ?

Depuis sa décision de transformer la chaîne YouTube de Lucy en chaîne de groupe, la pétillante et extravertie Abby s'était plus ou moins autoproclamée chef d'équipe. Ses amies étaient ravies de la voir prendre les choses en main, surtout Lucy, soulagée de s'accorder une pause bien méritée après avoir géré sa chaîne toute seule. Grâce à ses vlogs, elle avait combattu son bégaiement et ses problèmes de confiance en elle. Elle avait aussi été une source d'inspiration pour ses amies.

— Premier point : le rythme de publication, énonça Abby. Vous êtes toutes d'accord pour partir sur deux vidéos de « Ma vie en vlog » par semaine ?

Grâce à leur chaîne partagée, les filles pouvaient vloguer chacune leur tour, seules ou en groupe, avec un unique objectif : accroître leur communauté de fans. Jessie lança un bretzel en l'air, puis le rattrapa avec sa bouche.

— Bonne idée ! On pourrait discuter de nos idées de vidéos lors de nos réunions et décider ensemble de qui fait quoi.

Elles acquiescèrent.

Abby tapa dans ses mains.

— Super ! Deuxième point : nos abonnés ! Comment leur offrir des vidéos qui leur plaisent et comment augmenter leur nombre ?

— Aaaah, je suis contente que tu soulèves ce point, déclara Hermione.

Elle soufflait sur son vernis à ongles tout en utilisant son autre main pour tourner les pages d'un carnet.

— J'ai rapidement compilé quelques statistiques. Sans avoir encore publié de vidéo, la chaîne « Ma vie en vlog » compte déjà cinquante-quatre abonnés. J'ai recoupé leurs noms avec la liste des abonnés de Lucy : la plupart viennent de sa chaîne.

— Oui, quelques per-personnes ont laissé des commentaires au sujet de leur nouvel abonnement, intervint Lucy. Mais j'espérais qu'il y en aurait plus. C'est un peu dé-déprimant de passer de plus de mille abonnés à cinquante-quatre.

Jessie se leva d'un bond, renversant le bol et éparpillant des bretzels partout, pour le plus grand plaisir de Mouflet.

— Pas de panique ! La clé, mes amies, c'est le contenu.

Elle leva les bras au ciel dans un grand geste théâtral.

— Du contenu, du contenu, et encore du contenu. Les gens ne s'abonnent aux chaînes que lorsqu'ils savent ce qu'ils vont y trouver et qu'ils veulent, que dis-je ?, qu'ils MEURENT D'ENVIE d'en voir plus ! Il faut donc, dès notre premier vlog, passer un message clair : avec « Ma vie en vlog », vous aurez droit à des vidéos aussi éblouissantes qu'inspirantes, comptez sur nous pour vous rendre accro !

Elle ponctua sa phrase d'un mouvement de karaté.

— Notre premier vlog que l'on va tourner dans une minute... à moins que Jessie ne nous assomme avec ses gesticulations... commenta Abby en riant, et en prenant soin de s'éloigner de son amie. Réfléchissons un peu. Jessie, il te reste des bonbons d'Halloween : les défis nourriture, c'est toujours marrant. Et il faut absolument renvoyer l'image de filles sympas, qui n'ont pas leur langue dans leur poche.

Elle arrêta son regard sur Hermione. Celle-ci feuilletait toujours son carnet.

— Quoi ? OK, je suis moins bavarde que vous, soupira-t-elle, cachée derrière sa frange. Mais le naturel a son charme. Qu'est-ce que ça peut faire si je suis un peu timide ? Les gens nous aimeront comme nous sommes, non ?

— Hermione a raison, approuva Lucy. On ne peut pas toutes ja-jacter en permanence. De toute façon, je trouve que nos caractères à toutes les quatre sont parfaitement complémentaires !

Abby acquiesça et s'excusa d'un petit sourire auprès Hermione.

— C'est vrai. Je voulais juste dire qu'il fallait qu'on garde cette bonne énergie. On est *déjà* top ensemble !

— Tiens, en parlant d'être « top ensemble ». Tu n'as rien à nous raconter, Lucy ? demanda Jessie.

— AH OUI, LUCY, insista Abby avec un air complice.

Hermione gloussa. Lucy sentit le rouge lui monter aux joues.

— Je ne vois p-pas ce que vous voulez dire.

— Vraiment ? Au temps pour moi ! Il me semblait pourtant que tu avais rendez-vous avec le garçon qui te plaît – ou plutôt que tu adores – depuis des semaines... C'est drôle, j'avais l'impression que c'était le truc le plus incroyable qui te soit jamais arrivé. Mais, bizarrement, tu n'as pas tenu tes meilleures amies informées dans les vingt-quatre heures...

— Bon, je vous raconte : Sa-Sam et moi...

L'air embarrassé, Lucy s'interrompit. Elle essaya de se donner une contenance en caressant Mouflet. Jessie lui lança un regard incrédule.

— Continue ! Tu ne peux pas t'arrêter comme ça ! Sam et moi... on est allés à la piscine ? On s'est mariés à Las Vegas ? On s'est fait kidnapper par des extraterrestres qui ont échangé nos cerveaux ?

— Laissez-la tranquille, les filles ! s'écria soudain Hermione, tandis que Lucy continuait à caresser Mouflet en silence.

Hermione baissa la voix d'un ton avant de reprendre :

— Peut-être que Lucy ne nous a encore rien raconté parce qu'elle attendait le moment idéal ?

Mais elle ne put s'empêcher d'adresser un regard curieux à son amie, qui s'esclaffa.

— Merci Herm', mais en fait... ça s'est super bien passé. Vraiment.

Les filles se mirent à couiner et à pousser des cris de joie.

— Alors pourquoi tu n'as pas répondu à mes SMS, petite maligne ? lui demanda Abby.

— J'avais besoin d'un peu de temps... Désolée d'avoir fait autant de mystères, répondit Lucy, le regard dans le vide. Bref, il n'y a rien d'extraordinaire à raconter. On est juste sortis manger un hamburger, puis on s'est baladés, on a bu un chocolat, et on a encore marché. On a di-discuté pendant des heures.

Maintenant incapable de s'arrêter de parler, elle ignora les cris perçants et les gloussements de ses amies et continua :

— Je crois que je l'aime bien... même beaucoup. Du genre, encore plus qu'avant. En y réfléchissant bien, il se pourrait même que je sois amoureuse !

Ses joues la cuisaient. Sous les cris de joie de ses amies, Lucy se cacha derrière un coussin.

— Ah, l'amour ! s'exclama Abby, surexcitée. Attends, est-ce que tu l'as embrassé ?

Lucy se pencha vers Mouflet

— À ton avis, Mouflet, est-ce qu'on s'est embrassés ? Alors ? Eh ou-oui ! Au bord d'un lac. Enfin, c'était plutôt un étang.

— Youhou ! s'écria Abby. J'en crois pas mes oreilles ! Ça me fait penser, les filles, continua-t-elle en s'adressant au groupe, il se pourrait bien que j'aie quelqu'un en vue, moi aussi !

Hermione leva les yeux au ciel.

— Qui ça ? Charlie ? Désolée, Abby, mais ce n'est pas un scoop !

Les filles éclatèrent de rire. Charlie était l'un des deux créateurs de la chaîne YouTube « FarceEinstein » (son complice étant Josh, le frère d'Abby). Il était plutôt mignon et, en sa présence, Abby se comportait toujours comme une midinette.

— Arrête ! C’est juste le pote de mon frère ! Non, je parle de Ben. Tu sais, celui qui joue Kenickie dans *Grease*. Il danse trop bien et j’adore sa voix. Je suis presque sûre qu’il m’a fait un clin d’œil pendant la répète, aujourd’hui… Bientôt on va pouvoir se faire des sorties à quatre, en couples, Lucy !

Elle leva le bras pour taper dans la main de son amie.

— Ça me paraît bien ! s’amusa Lucy. Désolée d’interrompre la pause potins, mais il est pe-peut-être temps de nous remettre à notre préparation de vlog ?

— Tout à fait, répondit Hermione, en attrapant son bloc-notes. Qu’est-ce qu’on voulait dire, déjà ? Ah oui, les bonbons d’Halloween et abonnez-vous !

VLOG 1

DÉFI DE BIENVENUE SUPER ACIDULÉ !

7 : 30

DÉBUT DE LA VIDÉO : CHAMBRE D'ABBY – JOUR

Abby, Lucy, Hermione et Jessie sont serrées au bout du lit d'Abby. Une guirlande électrique rose vif est enroulée autour du montant, des petites bougies scintillent un peu partout dans la chambre.

TOUTES

Salut, tout le monde !

ABBY

On ne sait pas trop qui vous êtes encore, mais certains parmi vous se souviennent sûrement de nous avoir découvertes grâce à la super chaîne YouTube de Lucy.

(Toutes pointent du doigt Lucy.)

On y avait réalisé quelques vidéos de groupe. Grâce à cette nouvelle chaîne, vous en aurez encore plus !

LUCY

J'adore avoir ma propre chaîne, mais comme ça, j'aurai moins la pre-pression ; et bonus, vous aurez la chance de voir plus souvent mes merveilleuses amies.

ABBY

Surtout que tu as un PETIT AMI maintenant et que tu vas devoir consacrer beaucoup de temps à ton COUPLE.

Lucy lui donne un coup de coude.

LUCY

Je suis fidèle à mon poste de vlogueuse, TU LE SAIS BIEN. Et puis, je ne su-suis pas la seule à penser aux garçons.

Abby la plaque sur le lit pour l'empêcher de continuer à parler.

HERMIONE

Du calme, les enfants !

JESSIE

On pourrait parler du défi super acidulé, s'il vous plaît ?

Hermione consulte son bloc-notes.

HERMIONE

Pas encore ! Nous devons d'abord saluer nos super abonnés comme il se doit.

(Regard face caméra)

DÉSOLÉE, CHERS SPECTATEURS. Certaines d'entre nous se comportent comme des gamines de cinq ans aujourd'hui ! Nous voulons avant toute chose vous remercier de l'intérêt que vous portez à notre chaîne. Enfin, j'espère que vous continuerez à nous suivre malgré ce début chaotique…

Abby se reprend et arrange ses cheveux.

ABBY

Oui, pour vous donner envie de nous rejoindre, nous allons vous donner un aperçu de nos vlogs. On aimerait aussi savoir quel genre de vidéos vous plairait. On est toujours en train de plancher sur le contenu, mais ce qui est sûr, c'est qu'on publiera au moins deux nouveaux vlogs par semaine. Ce sera l'occasion d'aborder des tas de sujets…

(Abby les compte sur ses doigts tout en les énumérant.)

… maquillage, mode, shopping, pâtisserie, fitness, défis vidéos, blagues, soirées pizzas, yoga, chorégraphies, visites guidées de nos chambres, relooking… Oh, je sais ! On pourrait aussi vous apprendre à préparer des sushis !

JESSIE

(Elle lui coupe la parole.)

SANS OUBLIER le défi super acidulé !

Toutes rient. Hermione prend frénétiquement des notes. Lorsque l'énumération est terminée, soulagée, elle jette son stylo par terre.

ABBY

OK, OK, c'est noté. On va démarrer… À ton tour, Jess !

Jessie pose le sachet de bonbons acidulés sur le lit.

JESSIE

J'ai commandé spécialement ces bonbons aux États-Unis pour Halloween, mais je ne les ai pas encore goûtés. Apparemment, ils sont doux au début et deviennent de plus en plus piquants. Le défi est de les garder le plus longtemps possible dans la bouche ! Prêtes ? C'est parti !

Jessie en avale un, les autres l'imitent. Elles se regardent en souriant. Soudain, elles changent d'expression. Hermione a l'air horrifiée. Plus les secondes passent, plus elle grimace.

Elle se lève et se rue vers la poubelle, qui se trouve hors-champ. On l'entend recracher son bonbon.

HERMIONE

QUELLE HORREUR, c'est immonde !

Abby fait les cent pas dans sa chambre, en secouant la tête. Lucy a une main sur la bouche. Imperturbable, JESSIE est toujours assise et souriante.

HERMIONE

Les filles, comment vous faites ?

Abby et Lucy échangent un regard, puis elles se précipitent à leur tour vers la poubelle. Jessie hausse les épaules, croque son bonbon et l'avale.

JESSIE

Fastoche ! Les filles, faudrait penser à être un peu plus compétitives lors des défis nourriture !

HERMONE

Comment t'as fait ? J'ai failli vomir !

ABBY
(encore grimaçante)

Je ne suis pas sûre que vous vous attendiez à ce genre de spectacle, chers abonnés, mais c'est la magie du vlog ! Trois bouches en feu et une démonstration des pouvoirs surhumains de Jessie. Si vous aimez, cliquez sur « J'aime » juste en dessous et laissez un commen… – NON, MOUFLET !

Mouflet renifle avec curiosité le sachet de bonbons sur le lit, en lèche un.

Surpris par son acidité, il couine avant de s'enfuir de la chambre en courant.

ABBY
Oh, le pauvre ! Il faut que j'aille voir comment il va. Bon, salut tout le monde !

Toutes font un signe de la main.

FIN DE LA VIDÉO.

Vues : 156
Abonnés : 103
Commentaires :
Billythekid : Ha ha, pauvre Mouflet !

FarceEinsteinJosh : Arrête d'empoisonner notre chien, sœurette !
Incroyable_Abby_xxx : Il va bien… Il s'empiffre de *vraie* nourriture pour chien, au moment où je te réponds…
Reine_Dakota : Arf. Vous êtes de retour. C'est bête, j'ai oublié de m'abonner #DésoléeEnFaitNon
MagicMorgane : Ouais !!! Ma vie en vlog ! Impatiente d'y participer un jour x
StephDitCoucou : Génial ☺ Heureuse de vous revoir, les filles – j'aimerais que vous tourniez plus de vidéos beauté.
Pépites_Roses : On veut aussi des virées shopping ! *je m'abonne*

(Faire défiler vers le bas pour voir 5 commentaires supplémentaires)

Chapitre 2

— Aïe, mon pied ! Non, Abby, on va de l'autre côté !

Confuse, Abby esquissa un sourire d'excuse à Éric, qui la força à changer de direction. Heureusement, elle le connaissait depuis toujours : patient et compréhensif, son partenaire de danse n'était pas du genre à se mettre en colère pour une histoire d'orteils écrasés. Enfin, pas trop. Dans *Grease*, Éric interprétait le rôle de Putzie, partenaire de Jan (jouée par Abby) au concours de danse du lycée. Aujourd'hui, ils répétaient le *hand jive*, une danse rapide et énergique. Malgré tout le mal que se donnait Abby, elle n'arrivait pas à suivre. Lorsque madame Kusama coupa la musique, Abby poussa un soupir de soulagement.

— OK, je pense que c'est l'heure d'une petite pause, annonça la responsable de l'atelier théâtre.

Abby annota son texte puis elle se dirigea vers Ben, qui lui souriait depuis l'autre côté du studio.

— Qu'est-ce qui te fait rire ? demanda-t-elle en détachant sa queue de cheval.

Ben prit un air faussement sérieux.

— Il n'y a rien de drôle à te voir rater ces pas de danse. C'est même assez pénible à regarder. Pauvre Éric : après Kayleigh, il doit danser avec toi !

— Je te présente mes excuses, Benjamin ! répondit Abby d'un ton espiègle. Mais n'oublie pas que je viens juste d'intégrer la troupe. Et, s'il te plaît, ne me compare plus jamais avec Kayleigh. Personne ne mérite ça.

Ben s'esclaffa.

— Je ne vous comparais pas ! Mais maintenant que tu en parles, c'est vrai que tu as les mêmes cheveux, les mêmes yeux, et finalement, ta personnalité n'est pas SI différente de la sienne... JE TE TAQUINE ! s'empressa-t-il d'ajouter en voyant le visage horrifié d'Abby.

Elle le frappa avec son script.

— Ouille ! s'écria-t-il d'une voix exagérément aiguë.

Ils éclatèrent de rire. Dakota s'approcha d'eux dans un écœurant nuage de parfum à la vanille, suivie de près par Ameeka, son amie d'ordinaire muette.

— Je ne sais pas de quoi vous riez, tous les deux, mais en ce qui me concerne, j'en ai marre de ton non-professionnalisme aux répétitions, Abby ! se plaignit Dakota. Madame Kusama, nous a montré cette chorégraphie au moins quatre fois. Qu'est-ce qui cloche chez toi ?

— Je ne vois pas où est le problème, répliqua Abby. Je la connaîtrai bientôt ! Je ne vois pas pourquoi tu me prends la tête, c'est à madame Kusama de juger.

Pourquoi faut-il que cette fille soit toujours aussi pénible ? maugréa Abby intérieurement tandis que Ben se dirigeait vers le distributeur de boissons. Dakota interprétait Betty Rizzo, mais dès qu'elle sortait de son rôle, on avait l'impression qu'elle se prenait pour la metteuse en scène et la productrice.

— J'espère que tu te rends compte qu'on n'est pas de simples amateurs, continua Dakota avec mépris.

— On est des quasi-pros, ajouta Ameeka d'une voix traînante, les yeux rivés sur sa manucure. Les gens vont acheter leurs billets pour assister au spectacle.

— Absolument, répondit Dakota.

Cette dernière baissa la voix d'un ton lorsque madame Kusama passa à proximité.

— Tu es certaine d'être à la hauteur, Abby ? persifla-t-elle. Je veux dire, on n'est pas dans un pauvre club de théâtre. Chacun est censé faire sa part de travail avant les répétitions.

— Bien reçu ! Merci, Dakota ! dit Abby en s'éloignant.

Ce qu'elle est agaçante à toujours se mêler de ce qui ne la concerne pas ! Abby croisa le regard de Ben. Elle mima un pistolet sur sa tempe de la main droite, ce qui amusa Ben. Abby sentit son cœur s'emballer. Leur petite conversation lui avait bien plu, avant cette interruption brutale. Bien sûr, ils avaient déjà eu l'occasion de discuter en classe, mais depuis peu, les choses semblaient différentes. Abby s'avançait peut-être un peu trop lorsqu'elle se vantait de leur relation auprès des filles. Pourtant, elle était pratiquement sûre qu'il flirtait avec elle, qu'il l'avait *remarquée*. En tous cas, elle, elle l'avait repéré. Comment son physique de beau gosse avait-il pu lui échapper jusque-là ? Et ses yeux ! Il avait des cils plus longs que les siens !

Abby s'éclaircit la gorge nerveusement lorsque la professeure leur demanda, à Éric et elle, de répéter la chorégraphie une nouvelle fois. Ben les observa, adossé au mur, en sirotant un soda. L'enchaînement était vraiment difficile. Abby n'arrivait pas à rester concentrée sur ses pas de danse sous les yeux amusés de Ben. Elle avait un nœud à l'estomac et hésitait à chaque pas, sous les regards assassins de Dakota et Ameeka.

Au moins, quand je vlogue, je n'ai personne sur le dos pour me surveiller, pensa-t-elle tout en s'emmêlant dans la chorégraphie.

— Madame, elle n'est pas en rythme, intervint soudain Dakota avec un air des plus serviables. Moi j'ai appris la choré très vite, alors je pourrais rester après les cours pour lui montrer ? Je serais ravie de pouvoir l'aider !

Abby haussa les sourcils. Elle savait que Dakota se faisait un malin plaisir à souligner les faiblesses des autres, mais pourquoi offrirait-elle de son temps ? Peut-être essayait-elle juste de fayoter ?

En tout cas, ça fonctionnait.

— C'est très gentil de ta part, Dakota, la remercia madame Kusama. Je suis certaine qu'avec ton aide

Abby connaîtra les pas en un rien de temps. Il lui manque juste un peu de pratique. Est-ce que ça te convient, Abby ?

Abby acquiesça bêtement, ne sachant pas quoi faire d'autre.

— Parfait ! se réjouit la professeure. Maintenant, on passe à la suite du dialogue. Place à l'optimisme et à l'enthousiasme, s'il vous plaît !

Pour éviter de se retrouver en tête à tête avec Dakota, Abby supplia Éric de l'accompagner. Hélas, son partenaire de danse avait entraînement de football.

— Il vaut mieux que tu t'exerces toute seule, de toute façon, lui dit-il en sortant ses crampons de son casier. T'inquiète, on les bluffera tous à la prochaine répétition !

— OK, merci quand même ! lui cria-t-elle en fonçant vers le studio où elle avait rendez-vous.

Même si elle la trouvait pénible, Abby était intimidée par la plus populaire des quatrièmes et elle ne voulait pas la faire attendre. Lorsqu'elle ouvrit la porte du studio, Dakota était assise sur le banc du piano, ses longues jambes élégamment croisées, occupée sur son téléphone.

— Salut, dit Abby avec hésitation.

Elle se rendit compte que c'était la première fois qu'elle se retrouvait seule dans une pièce avec Dakota.

— Au fait, merci pour ton coup de main. J'espère qu'on pourra en finir rapidement avec ça.

Dakota leva les yeux vers elle. Elle réunit sa longue chevelure brillante sur une épaule, un sourire joli mais moqueur aux lèvres.

— Attends, tu n'as quand même pas cru que j'allais t'aider ?

— Euh, si... bafouilla Abby, déconcertée. Ce n'est pas ce qui était convenu ?

— Je rêve, la honte ! ricana Dakota avec dédain.

Elle leva son téléphone, fit une moue et prit un selfie avant de continuer :

— Que les choses soient claires : il est *évident* que je n'ai pas le temps de te coacher pour t'apprendre un pas de danse *aussi* simple. Tu peux le faire toute seule, enfin, j'espère ! Ça pourrait même te servir pour tourner un de tes vlogs débiles !

— Quoi ? articula Abby, stupéfaite. C'est quoi ton problème au juste, Dakota ? Je sais que tu es jalouse de notre chaîne. Mais pourquoi me faire venir ici si tu ne comptais pas m'aider ?

— Moi, jalouse ? C'est grotesque ! bâilla Dakota. Non, je suis juste venue te mettre en garde. Tiens-toi à l'écart de Ben. J'ai bien vu tes tentatives pathétiques de flirter avec lui. Je préfère te prévenir, ça t'évitera de continuer à te ridiculiser : il n'est pas libre !

Elle prit la pose pour un nouveau selfie.

— Remarque, ce n'est pas comme si tu avais la moindre chance, murmura-t-elle, les lèvres pincées.

— Pas libre ? répéta Abby, stupéfaite. Mais vous... euh... *sortez ensemble* ?

Après son selfie, Dakota se leva et saisit son sac.

— Laisse tomber, c'est trop compliqué pour toi. Tu ferais mieux de préserver ta minuscule cervelle pour apprendre ta chorégraphie. Tu as reçu le message pour Ben, c'est l'essentiel. Salut.

Sur ce, elle disparut. Pendant quelques secondes, Abby resta plantée là, perplexe. Des larmes de colère lui montaient aux yeux.

15 : 45

Abby : Dakota vient de me dire de ne pas m'approcher de Ben !! Ils sont ensemble, au moins ☹ ?

15 : 46

> **Lucy** : SÉRIEUX ?! SUR QUELLE PLANÈTE ELLE VIT ??

La réponse de Lucy la réconforta un peu, mais Abby était bouleversée. Elle s'en voulait d'avoir laissé le dernier mot à Dakota. Et pour couronner le tout, elle devait maintenant rentrer chez elle pour tenter d'apprendre la chorégraphie du *hand jive* seule. Sans compter qu'il lui restait ses devoirs et sa première vidéo solo pour la chaîne à filmer et monter.

Abby avait vraiment hâte de tourner son vlog. Elle aurait juste aimé avoir plus de temps pour s'y préparer. Elle voulait que tout soit parfait, mais impossible d'obtenir un délai supplémentaire, elle avait promis aux filles de publier son tutoriel de maquillage le soir même. Il était essentiel de présenter de nouveaux contenus à leurs abonnés. Lorsqu'elle aperçut dans le grand miroir du studio ses joues rouges et son visage négligé, elle comprit qu'il allait falloir qu'elle décompresse avant de commencer à enregistrer. Génial, elle avait un énorme bouton sur le menton ! Ben n'avait dû voir que ça quand ils discutaient, tout à l'heure. Abby ne rêvait plus que d'une chose : disparaître dans un trou de souris !

VLOG 2

LE TUTORIEL « MAQUILLAGE NATUREL » D'INCROYABLE_ABBY

7 : 10

DÉBUT DE LA VIDÉO : CHAMBRE D'ABBY – NUIT

Abby est assise sur son lit. Elle porte un pull violet à pompons et un jean. Ses cheveux sont retenus en arrière par un bandeau noir. Mouflet est roulé en boule à ses côtés.

ABBY

Salut, tout le monde ! Je suis super contente d'être la première à poster une vidéo solo sur cette chaîne. J'espère de tout mon cœur qu'elle vous plaira. Je ne veux décevoir personne ! Pffiou ! J'ai la pression ! Je vais essayer de ne pas m'éparpiller, il paraît que c'est ma spécialité, et d'aller droit au but, car j'ai une tonne d'astuces à partager avec vous.

(Elle prend une profonde inspiration et sourit.)

Allez, c'est parti ! Plusieurs copines m'ont demandé de leur montrer un maquillage facile et rapide pour tous les jours, que l'on peut porter même lorsqu'on n'est pas autorisées à se maquiller, en classe ou à la maison. Mon collège est très strict à ce sujet…

(Elle fait une grimace rigolote.)

Mais aujourd'hui, j'ai un problème de bouton. N'ayons pas peur des mots, c'est un DÉSASTRE… et malheureusement ce n'est pas rare. Qu'ils soient dus à une consommation excessive de chocolat ou de nourriture trop grasse – ma mère n'arrête pas de me dire de faire attention à mon alimentation – ou tout simplement aux hormones, les boutons peuvent vraiment nous casser le moral et nous faire perdre confiance en nous. Alors, ne les laissez pas ruiner votre vie ! Voici comment les combattre !

Josh fait irruption dans sa chambre. Il attrape la caméra et commence à filmer Abby en gros plan.

JOSH

Beurk ! Regarde-toi ! Tu as la peste bubonique ! C'est quoi ce truc ?

(Il saisit un flacon de maquillage.)

Du correcteur. Ah ça oui, tu en as bien besoin !

Abby bondit et lui prend le flacon des mains.

ABBY

Dehors ! Arrête de saborder ma vidéo !

Abby pousse Josh vers la porte, lui reprenant la caméra.

JOSH

OK, OK ! Si le correcteur ne fonctionne pas, tu devrais peut-être essayer de te couvrir la tête avec un sac poubelle ? Ah ! Ah ! Je t'adore, sœurette ! Promets-moi que tu feras bientôt un vlog avec nous ?

ABBY

Ouais, c'est ça, Josh !

Abby claque la porte en gloussant.

ABBY

Désolée pour cette interruption ! Bref… voici ma coiffeuse. Je l'ai reçue lors de mon dernier anniversaire et je l'adore. Le miroir et les lumières sont vraiment flatteurs et il y a la place pour tout mon maquillage. Pardon, c'est un peu en désordre. Je n'ai pas eu le temps de ranger. Euh, je ne sais pas ce que ce truc fait là !

(Elle enlève un bâtonnet pour chien tout mâchouillé.)

Mouflet, tu es venu farfouiller ici ? Vilain toutou ! Bon, je vais installer la caméra ici pour que vous puissiez voir mon visage.

(Elle positionne la caméra sur un trépied.)

OK. Avant tout, vous devez avoir de bonnes habitudes de nettoyage du visage matin et soir. Je retiens toujours mes cheveux en arrière avec ce bandeau avant de me laver le visage avec de l'eau moussante. Ce soir, je l'ai déjà fait. J'applique ensuite une crème hydratante : c'est très important. J'utilise des cosmétiques premiers prix, car j'ai un tout petit budget, mais ils sont souvent aussi efficaces que des produits de luxe. Pour moi, pas de fond de teint, car c'est interdit au collège et de toute façon ma mère me tuerait ! À la place je choisis une BB crème ou une crème hydratante teintée que j'applique avec les doigts.

(Elle se tartine de crème.)

On applique ensuite un correcteur mat. C'est super important de respecter la teinte naturelle de la peau, on ne le choisit ni trop clair ni trop foncé. Ça pourrait attirer l'attention sur les boutons ! Prenez un petit pinceau pour viser le milieu du bouton – attention de ne pas trop en mettre ! Attendez quelques instants que ça sèche, puis un peu de poudre.

(Elle fait la démonstration.)

Vous pouvez aussi appliquer le correcteur sous les yeux pour dissimuler des cernes ou des rougeurs. Puis, fixez le correcteur avec une poudre légère transparente afin qu'il tienne toute la journée. Vous voyez ? Le bouton est presque invisible ! Et voilà ! Ensuite, j'aime utiliser un peu de blush sur mes joues pour me donner bonne mine. Terminez avec une fine couche de mascara sur les cils et un soupçon de gloss sur les lèvres.

(Abby fait la moue en battant des cils.)

Et voilà : un maquillage discret et naturel ! Si vous sortez, vous pouvez ajouter du fard à paupières, un peu d'eye-liner, forcer sur le mascara et pourquoi pas porter du rouge à lèvres ! J'espère que ce tutoriel vous a été utile ; si c'est le cas, cliquez sur « J'aime », juste en dessous de la vidéo ! Lors d'un prochain rendez-vous, je vous montrerai comment réaliser un smoky-eyes, c'est un maquillage parfait pour les fêtes d'automne et d'hiver ! Bye ! À très bientôt !

Abby prend Mouflet dans ses bras. Ensemble, ils font un signe pour dire au revoir.

FIN DE LA VIDÉO.

Vues : 276
Abonnés : 179

Commentaires :

RedVelvet : Waouh ! Une vraie pro du tuto ! Continuez comme ça, les filles ! ☆☆

Pépites_Roses : ➡➡T'as vu @Incroyable_Abby ? Red-Velvet a regardé et commenté ! Hourra !

Reine_Dakota : C'est carrément le Vésuve ta pustule !

LucyLou : Hi Ha ! T'es canon, super Abby ! ♥

FilleTimide1 : Ma mère ne veut pas que je me maquille… ☹

Rigoloduweb54 : Josh a raison, tu DOIS ABSOLUMENT tourner une vidéo avec FarceEinsteinJosh !! ☺

MagicMorgane : Totalement d'accord !

(Faire défiler vers le bas pour voir 35 commentaires supplémentaires)

Chapitre 3

— Ma ligne de pinceaux est enfin disponible dans toutes les boutiques du pays ! Comme vous pouvez le voir, mes pinceaux sont estampillés d'un bouton de rose, le logo officiel de ma marque « Incroyable Abby ». Et ils sont spécialement conçus pour réaliser des maquillages zéro défaut...

La caméra zooma. Abby utilisait son pinceau de blush pour déposer de la poudre dorée sur ses pommettes. Elle montrait aux spectateurs comment créer son fameux look de déesse. Elle mettait des tonnes de poudre...

Soudain, Abby se réveilla en sursaut. Sa main caressait le côté de son visage. Waouh ! Ça c'était le plus beau rêve du monde, même si elle ne prévoyait pas de le raconter à qui que ce soit. Elle se blottit dans l'oreiller et sourit, revivant sa gloire rêvée.

En tant qu'experte de la beauté comptant des millions d'abonnés sur YouTube, on avait demandé à Abby de développer toute une gamme de produits. Elle était la vlogueuse la plus populaire au monde et vivait une vie de luxe. À un moment, elle s'était même vue au téléphone – un smartphone édition « Incroyable Abby » en série limitée – sur une île tropicale privée, en train de déguster des sushis hors de prix, affalée sur une chaise longue, vêtue d'un bikini de son créateur de mode préféré. Pendant ce temps, son petit ami, une star de la pop absolument sublime, lui massait les pieds...

Si seulement ça pouvait être vrai ! soupira Abby en se dirigeant vers son miroir. Son inconscient s'était sûrement inspiré de tous les commentaires positifs qu'elle avait reçus la veille, suite à son tutoriel de maquillage. Abby jeta un œil à la chaîne « Ma vie en vlog » sur son téléphone et poussa un cri de joie. Le nombre de vues avait encore grimpé. Son premier vlog en solo était un succès ! Bon, elle était encore loin derrière les scores de RedVelvet, mais quand même... Peut-être qu'avec un peu de travail, son rêve deviendrait un jour réalité... Qui sait ?

Plus tard, Abby entamait le premier cours de la journée en rêvassant, griffonnant quelques idées de logo « Incroyable Abby » dans la marge de son cahier d'anglais. Lorsque madame Piercy annonça qu'elle allait leur rendre leur rédaction, elle redescendit sur terre.

Il fallait comparer deux sonnets de Shakespeare. Abby avait rédigé son devoir à la hâte, sans prendre le temps de le relire. Mais avec un peu de chance, ce ne serait pas si mauvais... Nerveuse, Abby regarda madame Piercy arpenter la classe en distribuant les copies. Quelques élèves avaient droit à des félicitations au passage – « Impressionnant, Ameeka » – Argh ! Abby détourna le regard lorsqu'Ameeka la dévisagea avec dédain.

— Abby, tu viendras me voir à la fin du cours, s'il te plaît ? demanda soudain madame Piercy en lui tendant sa copie.

Le cœur d'Abby se serra. Derrière elle, Kayleigh et Dakota ricanaient. Sa rédaction était couverte de ratures rouges. Elle se décomposa lorsqu'elle découvrit sa note : trois sur vingt, la pire de toute sa vie !

— Ne t'inquiète pas, on va en discuter, lui souffla madame Piercy, en posant une main sur son épaule.

À quelques chaises de là, Hermione lui adressa un regard interrogateur. Abby haussa les épaules et esquissa un sourire de façade. Des larmes de honte lui montaient aux yeux. Elle glissa sa copie sous son cahier. *Trois, ce n'était pas possible* !

Le cours se termina en un clin d'œil et bientôt, Abby se retrouva en face de madame Piercy, à tenter de se justifier.

— En fait… Je suis débordée avec les répétitions de *Grease* et le reste… Je suis vraiment désolée, madame ! Je ferai mieux la prochaine fois, c'est promis.

— Tu as l'air très occupée, Abby, dit madame Piercy, mais je ne pense pas que ce soit le seul problème. Ton travail est bâclé. La plupart des phrases ne veulent rien dire. Je ne suis même pas persuadée que tu aies lu les sonnets.

Abby rougit.

— Je les ai lus, mais… ils ne me sont pas vraiment restés en tête.

— Je vois, répondit madame Piercy, dont le regard indiquait pourtant le contraire. Tu aurais peut-être dû accorder plus de temps à la lecture des poèmes et à l'analyse des symboles linguistiques. Il faut beaucoup de concentration avec Shakespeare pour comprendre la substance de ses textes.

Comprendre la substance, mais bien sûr, pensa Abby, ennuyée par la conversation. Elle allait être en retard pour le prochain cours, et il fallait qu'elle vérifie l'état de son bouton. Dans deux heures, elle avait répétition, elle allait voir Ben.

— Je vous promets que je m'appliquerai pour le devoir suivant, madame Piercy.

— En fait, Abby, je vais te demander de recommencer ce devoir, si tu veux bien, annonça d'une voix douce sa professeure. Tu passes le brevet l'année prochaine. J'aimerais t'aider à maîtriser la structure d'une rédaction. Tu vas prendre le temps de lire mes commentaires et je te propose de me remettre une nouvelle version d'ici quelques jours. Qu'en dis-tu ?

Madame Piercy présentait toujours ses demandes comme des faveurs, mais Abby savait qu'elle n'avait pas le choix, c'était un ordre. Elle esquissa un sourire.

— D'accord, je vous rendrai ma deuxième tentative lundi. Merci, madame ! Je dois filer ! répondit Abby.

La professeure observa pensivement le sourire d'Abby avant de la laisser quitter la classe.

— C'est quoi, cette histoire ? demanda Hermione, qui l'avait attendue dans le couloir.

Abby fourra la rédaction dans son sac.

— Rien de spécial. Tu sais bien que madame Piercy est hyper bavarde !

— Oui, mais de quoi elle t'a parlé ? questionna Hermione. C'était par rapport à ta copie ?

Abby se mit à arpenter le couloir tout en sortant un miroir de poche.

— Non, laisse tomber, rien d'important ! Aide-moi plutôt à m'occuper de ce vilain bouton. J'ai besoin de remettre une nouvelle couche de correcteur ! Si je veux devenir riche avec mes conseils maquillage, il faut que j'aie un teint impeccable à tout moment !

Une fois le problème de bouton réglé, Abby oublia sa mauvaise note au fond de sa tête pour le reste de la matinée. La répétition de *Grease* lui remonta le moral, elle réussit à s'en sortir avec les pas de *hand jive*.

— PAS TROP TÔT, avait commenté d'une voix traînante Ameeka, la première fois qu'Abby avait réussi la chorégraphie.

— Dakota et elle sont ju-juste blasées de ne plus pouvoir te critiquer ! lui glissa Lucy qui avait pour sa part réussi à limiter les bégaiements pendant la répétition. Bi-bien joué, Abby ! On assure !

Elles profitèrent d'autant plus de ce moment que Dakota semblait préoccupée. Elle était en adoration devant Maxine, une troisième qui jouait le rôle de Sandy. Dakota croyait avoir enfin rencontré quelqu'un digne de son attention. Elle s'était mise à la suivre à la trace, offrant de lui tenir son script et d'aller lui chercher des snacks. Maxine attendait Dakota avec un sourire d'impatience. Quand celle-ci arriva, elle daigna lui prendre quelques chips avant de lui tourner le dos.

— C'est vr-vraiment drôle, observa Lucy. J'ai presque pitié pour Dakota. Pr-presque.

La répétition touchait à sa fin.

— Super boulot, tout le monde ! conclut madame Kusama. Merci d'avoir encore une fois pris sur votre temps du midi. Je suis très satisfaite de l'avancée de nos répétitions. Pour vous féliciter, je vous invite tous à Planète Pizza après les cours. C'est moi qui régale !

— GÉNIAL ! s'exclama Abby, bien plus fort qu'elle le voulait. J'adore ce resto !

Elle fit rire toute la troupe. La professeure sourit.

— Contente que vous approuviez ma proposition, mademoiselle Pinkerton. J'y pense ! N'oubliez de demander l'autorisation à vos parents.

— On se retrouve là-bas, Abby, dit Ben en passant devant elle et Lucy tandis que le groupe se dispersait.

Lucy le regarda s'éloigner.

— J'y crois pas, Abby ! Il craque vraiment pour toi ! Ce commentaire t'était à cent pour cent adressé. D'ailleurs, tu as de la chance que je sois aussi merveilleuse et généreuse, sans quoi, je serais vexée. Hé ! B-Ben, moi aussi, j'aime la pizza ! l'appela-t-elle en plaisantant.

— Arrête ! Tu as déjà un petit ami ! En tout cas, c'est cool ces pizzas gratuites... J'ai toujours dit que madame Kusama était géniale !

À Planète Pizza, le casting de *Grease* occupait deux grandes tables. Maxine ne s'était pas jointe à eux. Sans personne à vénérer, Dakota avait repris ses vieilles habitudes. Abby remarqua qu'elle avait remonté la jupe de son uniforme au maximum, mis des créoles et appliqué une couche supplémentaire d'un mascara noir. Ben et Éric entrèrent dans la pizzeria.

— Asseyez-vous ici, les garçons, ordonna Dakota, en tapotant le banc à côté d'elle.

Abby leva les yeux vers Lucy. Elle n'arrivait toujours pas savoir avec certitude si Dakota en pinçait pour Ben ou si elle souhaitait simplement avoir son attention, comme celle de tous les garçons de la classe.

— Non, c'est bon, il y a plus de place par là, dit Ben en désignant la table d'Abby et Lucy. Merci quand même, Dakota.

Abby, épatée, tenta de faire comme si de rien n'était. Elle continua d'étudier la carte en discutant garnitures avec Lucy. Elle ne s'autorisa finalement à lever les yeux que lorsque Ben s'assit en face d'elle et lui donna un coup de pied sous la table. Comme d'habitude, il posait sur elle un regard à la fois moqueur et chaleureux.

— Tiens... Salut Ben, bafouilla-t-elle. Comment ça va ?

— Je meurs de faim. J'ai pensé aux pizzas toute l'après-midi. Qu'est-ce que tu prends ? lui demanda-t-il en souriant. Tu as l'air très concentrée.

Abby baissa la carte.

— Je préfère ne pas choisir à la légère. Imagine un peu : « Régal intergalactique au fromage » ou « Pluie de météorites à la viande ? » Pas facile.

Il acquiesça.

— Tu as raison, fromage ou viande. Viande ou fromage. L'éternel dilemme... Que dis-tu de faire moitié-moitié ?

Abby jeta un coup d'œil à Lucy avec qui elle avait déjà prévu de partager sa pizza.

— Oui, allez-y, je pense que je vais opter pour une végétarienne, dit Lucy.

Elle débuta une conversation avec Éric. Celui-ci s'amusait à faire tenir une paille en équilibre sur sa lèvre supérieure.

— OK, ça marche, enchaîna Abby. Je n'aime pas les boulettes de viande épicées, tu pourras les prendre sur ma moitié.

Elle ignora les regards noirs que lui jetaient Dakota et Ameeka, depuis l'autre table. Depuis quand était-il interdit de partager une pizza ? Pourtant, au fond d'elle, elle triomphait. Ben l'avait préférée à Dakota !

Une fois tout le monde servi, Dakota et Ameeka commencèrent à s'amuser avec la perche à selfie qu'Ameeka avait reçue pour son anniversaire. Elles mitraillèrent leurs pizzas et prirent la pose ensemble.

— Attention, les filles ! Vous allez salir votre téléphone ! les mit en garde madame Kusama.

— Oui, madame, répondirent-elles avant de prendre quelques dernières photos.

— Vous savez quoi... Je donnerais tout pour un milkshake choco-caramel, marmonna Ben, la bouche encore pleine de pizza.

Abby grimaça.

— Là, franchement, ça ferait trop !

— Quoi ? Je suis en pleine croissance ! répondit Ben.

Éric éclata de rire.

— Si tu le dis... répliqua Abby, un peu vexée, qui reprit avec un ton plus détendu. Je peux t'en commander un, si tu veux ? Je dois aller chercher des serviettes.

Elle se leva et se dirigea vers le comptoir. Discuter avec des garçons était plus difficile qu'elle ne l'avait cru, mais si elle parvenait à garder son calme, elle aurait peut-être une chance... peut-être même que Ben l'inviterait à sortir avec lui ?

De retour avec le milkshake de Ben, Abby passa la tête haute devant la table de Dakota, qui ne lui prêta pas la moindre attention. Peut-être s'étaient-elles lassées de la harceler ? Soudain – LA CATA ! – Abby trébucha. La scène parut se passer au ralenti : Abby vit le milkshake tomber de ses mains, le verre se briser sur le sol, le liquide marron s'étaler partout et Dakota remettre rapidement son pied sous la table...

Sans trop savoir comment, Abby se retrouva étendue sur le sol, couverte de chocolat visqueux, le genou et une paume de main écorchés. Elle sentit son cœur s'emballer.

— C'est pas vrai ! balbutia Lucy au milieu de la stupeur générale.

Des rires fusèrent de toutes parts. Abby se redressa pour se mettre en position assise.

— Jolie chute ! caqueta une voix qui ne pouvait être que celle de Dakota.

— Dommage qu'on n'ait pas pris de photo ! gloussa Ameeka.

Lucy vint s'agenouiller auprès de son amie.

— Ça va, Abby ? Tu as trébuché sur sa perche à selfie, expliqua-t-elle en désignant l'objet sous la table.

— Ce n'est quand même pas ma faute si elle ne regarde pas où elle marche, caqueta Dakota d'un air suffisant en mordillant la paille de son soda sans sucre. Voilà ce qui arrive quand on est trop occupée à ramener des milkshakes à son chéri.

Abby saisit la main de Lucy pour se relever. Elle aperçut la perche à selfie qui dépassait de sous la table, loin du téléphone. Très suspect, effectivement.

— Tu as fait exprès de la mettre sur mon passage ! accusa-t-elle.

— N'importe quoi, répondit Ameeka d'une voix alanguie.

Mais voyant arriver madame Kusama, elle retira précipitamment l'objet incriminé, confirmant les soupçons d'Abby.

— Abby, tu vas bien ? demanda la professeure, une part de pizza à la main. Oh ma pauvre, ta chemise est fichue ! Tiens-moi ça ! dit-elle en tendant sa part de pizza à Abby.

Madame Kusama trempa des serviettes dans un verre d'eau et commença à tamponner énergiquement les taches de chocolat.

— La honte ! On voit à travers sa chemise ! annonça Dakota très fort.

Abby eut un mouvement de recul et se souvint qu'elle portait son soutien-gorge de sport le plus moche. Impossible de regarder dans la direction de Ben. Elle n'avait qu'une hâte : partir au plus vite.

— Je crois que ça va, merci, madame, dit-elle tremblante, en lui rendant sa pizza. Je ferais mieux de rentrer...

— Tu es sûre ? demanda madame Kusama.

— Je vais l'a-l'accompagner, proposa Lucy.

— Non, c'est bon, dit Abby en attrapant ses affaires.

Elle enfila son manteau par-dessus sa chemise mouillée. Son genou la faisait souffrir et elle préférait être seule.

— J'habite juste à côté, on se voit demain.

18 : 35

Numéro inconnu : Salut, collègue de pizza !

Abby jeta un coup d'œil à son téléphone. Il avait sonné dès son arrivée à la maison. Qui se moquait d'elle, maintenant ?

18 : 36

Abby : C'est qui ?

18 : 38

Numéro inconnu : Ben. Lucy m'a donné ton numéro. Je voulais savoir si tu allais bien ?

18 : 39

Abby : Ça va. Mais j'ai connu plus glorieux ☺.

18 : 40

Ben : Cool. J'attends toujours mon milkshake, au fait ☺ !

18 : 40

Abby : TU PEUX TOUJOURS RÊVER !!

18 : 41

Ben : Je plaisante. À lundi, bises.

Bises ! *Prends ça, Dakota,* pensa Abby avec un grand sourire. En dépit de sa chute embarrassante, son moral était au beau fixe. Elle se lança dans les préparatifs du vlog qu'elle avait prévu de filmer le lendemain. Hourra !

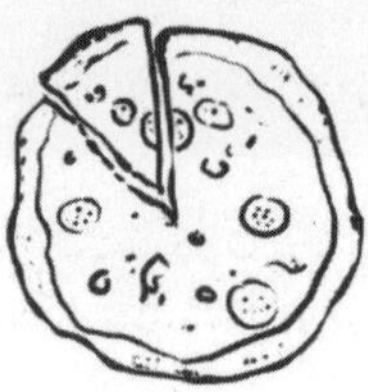

VLOG 3

INCROYABLE_ABBY VS FARCEEINSTEIN ACTION OU VÉRITÉ !

12 : 05

DÉBUT DE LA VIDÉO : SALON D'ABBY – JOUR

Abby, Josh et Charlie sont assis sur le canapé. Sur la table basse, deux bols sont remplis de bouts de papier pliés.

ABBY

Salut, chers internautes ! J'espère que l'autre jour vous avez aimé les coups de cœur littéraires de Lucy et Hermione : le lien vers leur vidéo est en dessous ! Aujourd'hui, ça risque d'être un peu moins calme, car comme vous le voyez, je me trouve en compagnie de ces deux garçons, que vous connaissez sous le pseudo de FarceEinstein, alias Josh et Charlie ! Alias mon frère et son pote !

Josh et Charlie font signe de la main.

ABBY

Vous nous l'avez réclamé, alors c'est parti : aujourd'hui, action ou vérité ! Ça promet !

JOSH

Vous connaissez tous la règle : on pioche chacun un papier dans un des deux bols – celui des actions ou celui des vérités – et on suit ce qui est écrit. Pour les défis, nous avons repris certaines de vos suggestions auxquelles on a ajouté les nôtres. C'est Charlie qui commence. Action ou vérité ?

CHARLIE

Action.

(Il pioche une action dans le bol.)

Oh non ! J'y crois pas…

(Il lit le gage à voix haute.)

« Mange une cuillère à café de la nourriture de Mouflet. »

ABBY

(Elle rit.)

Ah ! Ah ! Trop drôle ! Permets-moi de te servir…

Un montage accéléré montre Abby qui saisit la caméra et va à la cuisine. On la voit attraper la gamelle de Mouflet et prendre une cuillère dans le tiroir. Elle retourne dans le salon et tend une cuillère pleine de nourriture pour chien à Charlie.

ABBY

Monsieur est servi ! Bon appétit !

Charlie grimace et met la cuillère dans sa bouche. Il marque un temps avant d'avaler.

CHARLIE

(écœuré)

Beurk ! Non !

(Il ouvre une boîte de bonbons à la menthe et les fourre dans sa bouche.)

C'est immonde, Moufflet, comment tu peux bouffer un truc pareil ?

Moufflet aboie hors-champ.

C'est encore pire que le pain de viande en boîte de ma grand-mère ! Abby, à ton tour ! Action ou vérité ?

ABBY
Vérité. Au secours, je suis super nerveuse.

(Elle attrape un papier dans l'autre bol.)

OH NON ! Je ne peux pas répondre à cette question…

CHARLIE
Pas d'excuse, je viens juste d'avaler de la bouffe pour chiens !

ABBY
Ok.

(Elle lit à voix haute.)

« Avec qui était ton premier baiser ? »

Josh éclate de rire. Il imite le son de baisers. Abby enfouit son visage dans ses mains.

ABBY
Bon, si je suis obligée… C'était… Oh ! C'est tellement embarrassant ! Un garçon que j'ai rencontré en vacances en Espagne, l'été dernier.

JOSH

Tu veux dire ce gros naze de Juan ? Ah voilà pourquoi tu passais autant de temps sur la plage ! J'aurais dû le dire à maman, tiens !

ABBY

Tu étais bien trop occupé avec ton Anglaise !

(Elle rougit.)

Et puis, c'était parfaitement innocent.

CHARLIE

(d'un air qui en dit long)

Ça t'a plu ?

ABBY

Je ne sais pas ! Ça ne fait pas partie de la question.
À ton tour, Josh !

JOSH

OK. Action.

(Il lit à voix haute.)

« Trempe ton pied dans les toilettes puis suce ton orteil ! »
Dégueu ! Qui a eu cette idée pourrie ?

CHARLIE

Je crois que c'est toi, mon pote ! Allez, on attend…

Surexcitée, Abby bondit sur le canapé.

ABBY

Allez hop !

CHARLIE

On va te suivre avec la caméra pour s'assurer que tu le fais !

Un montage en vitesse rapide montre Josh qui grimpe les escaliers pour se rendre dans la salle de bains. Il grimace lorsqu'il enlève ses chaussettes et trempe son orteil dans la cuvette des toilettes.

ABBY

Du grand n'importe quoi.

Suivi par la caméra, Josh retourne à cloche-pied dans le salon. Il s'assied entre Abby et Charlie.

CHARLIE

Allez… Ne sois pas timide… Montre-nous ça !

Josh se tortille. Il lève son gros orteil jusqu'à son visage. Il sourit à la caméra avant de glisser son orteil une seconde dans sa bouche.

JOSH

Miam, miam ! Qu'est-ce qu'il y a au dessert ?

ABBY

C'est répugnant ! Tu espères avoir un jour du succès avec les filles après ça ? Bon, Charlie, à toi. Action ou vérité ?

CHARLIE

Vérité.

(Il pioche un papier et le lit.)

« Quelle est la chose la plus embarrassante qui te soit arrivée ? » Euh. Laissez-moi réfléchir.

JOSH

Mon pote, ta vie n'est qu'une suite de moments embarrassants !

ABBY

(Elle donne un grand coup à Josh.)

Ne sois pas méchant !

CHARLIE

J'ai trouvé. En CM1, je craquais pour une fille. Un jour, j'ai enfin eu le courage de lui demander d'être ma partenaire en cours de théâtre. Mais quand je suis allé la voir les premiers mots qui sont sortis de ma bouche étaient : « Salut, maman ! »

Abby et Josh se moquent de lui.

CHARLIE

Quand j'y pense, aujourd'hui encore, je ne sais plus où me mettre. Je ne comprends toujours pas pourquoi j'ai dit ça.

JOSH

Je m'en souviens ! Tout le monde était mort de rire.

ABBY

C'est trop mignon ! Pauvre petit Charlie.

Charlie fait semblant d'étrangler Abby. Ils commencent à chahuter sur le canapé.

JOSH

Vous voulez qu'on vous laisse en toute intimité ou quoi ?

ABBY

Hein ? La ferme ! Bon, à mon tour. Et je serai la dernière, car on n'a plus beaucoup de temps... Cette fois, je vais être courageuse : action !

(Elle attrape un papier et le lit.)

« Embrasse sur la bouche une personne qui se trouve dans cette pièce pendant dix secondes. »
Hors de question !

JOSH

Ah ! Ah ! Ça doit être l'idée d'un internaute.

ABBY

(à Josh)

Bon, il est évident que je ne peux pas t'embrasser, puisque tu es mon frère... et que tu t'es fourré ton orteil au pipi dans la bouche ! Tes bactéries pourraient me tuer. Du coup, je n'ai pas vraiment le choix... Oh ! C'est tellement gênant...

JOSH

Je suis sûr que ça ne dérange pas Charlie.

CHARLIE

Toujours prêt à me dévouer pour les internautes… C'est quand tu veux, Abby !

ABBY

(à la caméra)

Idée de génie ! Ok, je suis prête. C'est parti !

Abby soulève Mouflet et lui fait un gros bisou sur la bouche.

JOSH

C'est de la triche !

Stupéfait, Charlie éclate de rire.

CHARLIE

Bien joué, Abby !

ABBY

Ne le prends pas mal, Charlie. Peut-être une autre fois… si tu as BEAUCOUP de chance. Bref, c'est tout pour aujourd'hui. Cliquez sur « J'aime » si vous avez apprécié la vidéo et si vous voulez plus d'actions et plus de vérités, proposez vos idées dans les commentaires. Vous pourrez retrouver Josh et Charlie sur leur chaîne FarceEinstein. Bye bye !

Abby, Josh et Charlie saluent la caméra.

FIN DE LA VIDÉO.
Vues : 343
Abonnés : 273
Commentaires :
MagicMorgane : Charlie et Abby sont tellement romantiques !
JazzyJessie : CHARLIE + ABBY = #CHABBY ❤❤
StephDitCoucou : Super marrant ! Je me suis sentie mal quand Joshua a léché son orteil !
FanDeMaVieEnVlog : J'adore toutes vos vidéos ! 👍
xxArcEnCielxx : Ah ! Ah ! CHABBY ! Excellent !
LaTraqueuse : Josh, épouse-moi ! xxx
Reine_Dakota : Bidon. Dommage que tu n'aies pas fini la tête dans les toilettes @Incroyable_Abby_xxx ! Je me serais trop marrée.

(Faire défiler vers le bas pour voir 87 commentaires supplémentaires)

Chapitre 4

Lundi matin.

— Abby, tu viens avec nous ? cria Joshua.

Abby terminait de visionner le vlog « Action ou vérité ». Elle s'était vraiment amusée et elle devait admettre que Charlie était plutôt mignon ces derniers temps. Et en plus, il avait l'air partant pour l'embrasser. Mais était-ce seulement pour le gage, ou est-ce qu'elle lui plaisait vraiment ?

Les yeux rivés sur l'écran, elle se demanda ce que Charlie pensait des commentaires qui parlaient d'eux comme d'un couple. Elle avait envoyé un SMS à

Jessie : « *Chabby, ah ah ah !* » Elle devait reconnaître que c'était bien trouvé.

— ABBY ! hurla Josh. Dernier appel !

— Laisse tomber, j'irai à pied ! cria-t-elle en réponse. Je suis en train de finir ma rédaction d'anglais !

Elle délaissa son ordinateur et jeta un jeta un coup d'œil vers son bureau, où était posée la rédaction soi-disant améliorée. Elle avait passé une heure dessus la veille, mais elle avait le sentiment que ce n'était toujours pas très bon, peut-être qu'elle pourrait y consacrer encore un peu de temps à la pause de midi ? Soudain, son téléphone vibra.

8 : 12

Ben : Bon week-end ? Je ne suis pas prêt pour l'interro de SVT ! Bises

À peine Abby avait-elle reposé son téléphone que des milliers de pensées lui traversèrent l'esprit en un éclair.

« *Un nouveau texto de Ben ! Il doit vraiment m'apprécier !* »

Puis : « *INTERRO DE SVT – Nonnnn ! J'avais complètement oublié !* »

Puis : « *Attends, qui je préfère ? Ben ou Charlie ? Ben est plus mon type, mais Charlie est si mignon et drôle !* »

Puis : « *LA CATA, je vais arriver super en retard en cours ! Mais, avant, il faut que je réponde à Ben sinon, ce sera bizarre quand je le verrai !* »

Puis : « *Mince, où est mon livre de SVT ?* »

8 : 14

Abby : Pareil. 100 % pas prête. À l'aide ! Bises

Quelques heures plus tard, en cours de SVT, Abby eut l'impression que Ben s'en sortait plutôt pas mal, malgré ce que disait son message. Voûté au-dessus de sa feuille, il semblait complètement absorbé par ses réponses. Le regard d'Abby passa du dos de Ben, à Hermione, qui paraissait tout aussi concentrée, puis ses yeux filèrent jusqu'à la fenêtre, pour revenir vers sa feuille. C'était un questionnaire à choix multiples. Au pire, elle pouvait cocher des cases au hasard. Mais, à sa grande surprise, les questions la laissaient toutes perplexe.

Question : Quand une racine penche dans le sens de la pesanteur :

a) la partie supérieure se développe plus que la partie inférieure.

b) la partie inférieure se développe plus que la partie supérieure.

c) la partie du haut et celle du bas se développent au même rythme.

Qu'est-ce que ça pouvait bien vouloir dire ? Abby avait le vague souvenir d'un schéma de racines dessiné au tableau, mais rien de plus. Par moments, elle avait vraiment du mal à enregistrer les informations en classe.

Son stylo restait suspendu au-dessus des réponses. Abby s'en voulait. Elle aurait dû réviser. Sa mère s'était mise en colère quand elle lui avait annoncé sa note d'anglais. Avec cette nouvelle interro, elle allait sûrement à nouveau se mettre dans de beaux draps...

À côté, Hermione retournait sa feuille en fredonnant. *Ça a l'air tellement facile pour elle*, pensa Abby.

Soudain, elle remarqua qu'elles en étaient à la même page. Et Abby pouvait voir ses réponses. Sans réellement prendre la mesure de ce qu'elle était en train de faire, elle cocha les mêmes cases qu'Hermione. Au moins, elle aurait quelques points.

— C'était horrible ! souffla Ben qui la rejoignit à la cantine pendant la pause déjeuner. Franchement, quoi de pire qu'un QCM pour commencer la semaine ?

Abby grimaça.

— On peut éviter ce sujet, s'il te plaît ?

— Tu t'es plantée à ce point ? demanda-t-il avec compassion. Ok, on passe à autre chose... Je vois que tu bois de l'eau. Tu as arrêté les milkshakes depuis vendredi ?

— Ben ! On pourrait aussi éviter de parler de ça ? répliqua Abby, amusée. En plus, je te rappelle qu'il était pour toi ! C'est entièrement de ta faute si j'ai passé mon vendredi soir à laver mon tee-shirt.

Il haussa les sourcils.

— Sexy !

Abby rougit.

— Bref, Dakota va me le payer, je te le dis.

Elle y avait réfléchi tout le week-end et plus elle y pensait, plus elle était convaincue que Dakota lui avait tendu un piège.

— Elle n'a pas fait exprès, dit Ben. Je suis sûr que la perche à selfie était là par hasard.

Abby le foudroya du regard.

— Je suis sérieux, continua Ben. Elle est sympa, on a répété la scène de Rizzo et Kenickie. Elle est drôle quand tu la connais !

Abby sentit son cœur se serrer. Elle essaya de cacher sa consternation. Elle savait que les personnages de Ben et de Dakota dans *Grease* étaient très proches et intimes, mais jusque-là, elle avait essayé de ne pas y penser. Elle devait admettre qu'ils formaient un joli couple, et apparemment Ben était sous le charme de la jolie frimousse de Dakota. Heureusement, Hermione arriva juste à temps pour l'empêcher de dire quelque chose de stupide.

— Salut, murmura Hermione, son livre de SVT sous le bras. Quoi de neuf ?

Abby remarqua que son amie tenait fermement son cahier et évitait son regard.

— Pas grand-chose ! répondit Abby. Et toi ? T'as l'air un peu… stressée ?

— Ça va.

Hermione s'éclaircit la gorge avant de reprendre :

— Est-ce que je peux te parler ? Seule à seule ?

— Euh, bien sûr, répondit Abby en haussant les épaules à l'attention de Ben. Désolée !

Il accompagna sa réponse d'un sourire.

— T'inquiète, on se voit plus tard !

Abby le regarda traverser la cantine. Il se joignit à Dakota et sa bande qui se prêtaient à une stupide compétition de breakdance.

— Alors, qu'est-ce qu'il y a, Herm' ? demanda Abby, remarquant que son amie avait l'air contrariée. Tu vas bien ? Qu'est-ce qui t'arrive ?

Hermione lui lança un regard noir.

— Tu le sais très bien.

— Je te jure que non ! se défendit Abby, perdue. Explique-moi ! C'est quelque chose que j'ai dit ? C'est par rapport à la chaîne YouTube ?

Abby n'ignorait pas avoir utilisé les idées de son amie pour ses propres vlogs, mais elle avait l'intention de proposer de nouveaux thèmes lors de la prochaine réunion. Et de toute façon, Hermione s'était éclatée en présentant ses coups de cœur littéraires, non ?

— Rien à voir, répliqua sèchement Hermione. Ce qui m'embête, c'est que tu aies copié mes réponses au QCM de SVT. Je t'ai vue, Abby !

— Quoi ? balbutia Abby, surprise, car elle pensait avoir été discrète, et qu'Hermione n'avait rien laissé paraître. Heu… Qu'est-ce qui te fait croire ça, enfin ?

Hermione haussa le ton.

— Je sais ce que j'ai vu, ok ? Arrête de mentir, c'est pathétique ! J'ai passé mon dimanche après-midi à réviser.

Abby se tortilla. Devait-elle nier ou tout avouer ? Ses mensonges rendraient sans aucun doute Hermione furieuse, mais pour une raison inconnue, elle ne trouvait pas la force de lui avouer la vérité.

— Euh… Moi aussi, j'ai révisé ! Peut-être que j'ai jeté un coup d'œil dans ta direction par hasard… Je ne me souviens plus.

— Tu ne te souviens plus ?…. Très bien, si tu veux jouer à ça, reprit Hermione après un long silence.

Hermione lança un dernier regard de dégoût à Abby avant de tourner les talons. Abby sentait son cœur battre la chamade. L'horreur. Elle voulait rentrer à la maison et se cacher sous sa couette.

Malheureusement, ce n'était pas envisageable. Pendant tout le reste de la journée, à chaque fois qu'Abby repensait aux paroles d'Hermione, le rouge lui montait aux joues. Et si elle avouait tout à leur professeur ? Elle remit le devoir d'anglais à madame Piercy sans même avoir le temps d'y apporter la moindre amélioration.

Heureusement, ses scènes n'étaient pas au programme de la répétition de *Grease* du jour. Elle pourrait rentrer directement chez elle pour préparer son vlog. Mais avant, il fallait qu'elle pleure un bon coup.

VLOG 4

INCROYABLE_ABBY : MES TRUCS PRÉFÉRÉS

4 : 05

DÉBUT DE LA VIDÉO :

Vêtue d'un jean et d'un tee-shirt blanc, Abby ne porte pas de maquillage. Elle est assise sur son lit. Mouflet est blotti contre elle, la tête posée sur ses genoux.

ABBY

Salut, tout le monde ! Le moment est venu pour moi de vous présenter un nouveau vlog. J'espère que vous avez aimé la chouette vidéo du week-end à la ferme de Lucy. Merci d'avoir été si nombreux à suivre mon vlog « Action ou vérité » avec FarceEinstein. C'était plutôt embarrassant, pas vrai, Mouflet ? Mais on remettra ça très bientôt !

Aujourd'hui, j'ai passé une dure journée au collège. Du coup, c'est peut-être le moment idéal pour répondre au challenge « Mes trucs préférés ». J'espère que ça me remontera le moral, mais aussi que ça vous divertira ! C'est une idée lancée par Victoria @inthefrow et à laquelle de nombreux youtubeurs célèbres ont répondu. J'ai trois minutes pour nommer mes trois choses préférées dans vingt catégories. Autant dire que c'est hyper rapide. Pas le temps pour mon blabla habituel !

(Elle rit.)

Et ce n'est pas préparé du tout ! On va voir comment ça se passe ! J'ai la liste de questions ici.

(Elle désigne son téléphone.)

Je vais lancer le chronomètre. C'est parti !
Un : « Trois objets ». Euh… mon smartphone, mon ordinateur portable et mon fer à lisser.
Deux : « Trois aliments ». Pas facile… Bon, puisqu'il faut bien choisir, je vais dire les macaronis au fromage, les brownies et la pizza. Que des trucs bons pour la santé !
Trois : « Trois lieux ». Orlando, en Floride, enfin Disney World pour être plus précise. Ibiza, en Espagne et… Paris ! Mais j'hésitais avec Londres.
Quatre : « Les choses dont tu ne peux pas te passer ». Mouflet ! Mon téléphone, bien sûr. Et mes amis ! Oups, j'aurais peut-être dû parler de ma famille ?

Cinq : « Comment tu t'occupes quand tu t'ennuies ».
Facile ! Je vais sur YouTube, je fouille dans le frigo et j'essaye du maquillage !
Six : « Tes activités par beau temps ». Je fais bronzette dans mon jardin, je vais à la plage et je mange une glace. En ce moment, j'ai un faible pour la glace aux éclats de caramel.
Sept : « Trois films ».

(Elle réfléchit quelques secondes.)

Oh là là ! Je bloque… C'est vraiment dur. Je dirais peut-être tous les *Hunger Games*, *Lolita malgré moi* (je sais, il commence à dater, mais je l'ADORE) et *Nos étoiles contraires*… Oh ! Il y a aussi *Si je reste*, *Clueless* et *Dix bonnes raisons de te larguer*… sans oublier *Le Roi Lion* !

(Elle lève les bras de désespoir.)

C'est impossible d'en choisir trois !
Huit : « Trois chansons ».

(Elle pousse un soupir.)

Pas facile… je ne me rappelle jamais des titres, en plus. Je vais dire les chansons de Taylor Swift, des One Direction et des Little Mix.
Neuf : « Tes boutiques préférées ». Les boutiques de fringues… puis celles de maquillage (même quand c'est trop

cher pour moi, j'adore y faire un tour, je me contente des testeurs), et… Starbucks ?
Dix : « Tes activités de plein air favorites ». Aller à la plage, jouer dans la neige, et… faire du ski nautique !
Onze : « Trois événements ». Noël, évidemment ! Halloween et mon anniversaire, bien sûr.
Douze : « Ton top trois des séries d'animation ». *Les Simpsons*, *Bob l'éponge*… j'ai perdu la mémoire… *Ah oui ! Phinéas et Ferb !*
Treize : « Trois monuments ». Au hasard… La Tour Eiffel, L'Empire State Building et… ma maison ! Ah ! Ah !
Quatorze : « Trois trucs qui font partie de ton quotidien ». Houlà ! J'en sais rien ! Mouflet, bien sûr !

(Elle embrasse son chien.)

Sortir avec mes amis et… et… accueillir de nouveaux abonnés sur notre chaîne ! Spéciale dédicace à ceux qui me regardent en ce moment !
Quinze : « Les traits de caractère que tu préfères chez les autres ». L'humour, la loyauté, et euh… la folie ! Dans le bon sens du terme !
Seize : « Tes influences ». Les youtubeurs, Taylor Swift et… ma mère ! C'est grave docteur ? Non, mais sérieusement, elle a une carrière dingue et dirige une équipe incroyable.
Dix-sept : « Trois boissons ». Fastoche ! Les smoothies, les milkshakes et les chocolats chauds.
Dix-huit : « Top trois de tes expériences ». Aller à Disney World, nager avec des dauphins et rencontrer RedVelvet. En fait, j'aurais dû commencer par RedVelvet !

Dix-neuf : « Ce que tu aimes regarder ». Ils veulent dire télé et Internet confondus ? Dans ce cas, la réponse est… YouTube, YouTube et encore YouTube ! Mais j'aime aussi les comédies musicales comme *Le Magicien d'Oz* et tout ce qui est télé-réalité.
Vingt : « Trois youtubeurs ». Houlà ! Il y en a tellement ! Et je les adore tous. Bon, RedVelvet est la numéro un dans mon cœur évidemment… Oh, non, pour être honnête, je préfère FarceEinstein ! Fini ! C'était chaud ! Alors, combien de temps ?

(Elle regarde le chronomètre.)

Pile en dessous des trois minutes !

(Elle serre le poing en signe de victoire.)

C'était vraiment marrant et ça m'a carrément remonté le moral. Maintenant, à votre tour ! Plutôt que de taguer des personnes en particulier, je vous mets tous au défi !

(Elle pointe la caméra.)

N'oubliez pas de mettre le lien de votre vidéo dans les commentaires pour que je puisse la retrouver facilement. Et faites vivre ce défi en taguant de nouvelles personnes ! Merci de m'avoir suivie ! Il ne vous reste qu'à cliquer sur « J'aime » et à vous abonner ! À très vite !

Abby salue la caméra.

FIN DE LA VIDÉO.

Vues : 327

Commentaires :

MagicMorgane : Waouh ! Je relèverai le défi dans mon prochain vlog !

LucyLou : J'adore, j'adore, j'adore ♥

FarceEinsteinCharlie : Merci pour le tag ! Je participe la semaine prochaine 👍

FilleTimide1 : Impossible pour moi ! J'hésiterais entre trop de trucs !

FanDeMaVieEnVlog : Mes 3 astuces pour lutter contre l'ennui : Ma vie en vlog, Ma vie en vlog, Ma vie en vlog ☺

Pépites_Roses : Mes 3 aliments : les cupcakes, les cookies et les tartelettes aux fruits secs. Bises.

Reine_Dakota : 3 moments pour arrêter de faire tes vidéos : dès maintenant, immédiatement, t'aurais même dû le faire hier.

(Faire défiler vers le bas pour voir 65 commentaires supplémentaires)

Chapitre 5

En plus d'être étouffant de chaleur, le hall du collège était rendu assourdissant par le bourdonnement de dizaines de conversations simultanées. Le brouhaha indistinct provenait de la salle de classe.

— Je me réjouis des progrès qu'a accomplis Lucy en seulement quelques semaines, s'extasia madame Harris, la professeure d'histoire. Sa confiance en elle a grimpé en flèche, elle participe avec beaucoup d'entrain aux discussions de la classe. C'est du bon travail, Lucy !

Abby jeta un coup d'œil à la table voisine. Le sourire timide de Lucy contrastait avec le regard fier de ses parents.

— Abby ? Tu as entendu madame Piercy, ma chérie ?

Abby sursauta avant de se retourner vers son propre rendez-vous parents-professeurs. Sa mère et madame Piercy la regardaient avec impatience.

Au secours !

— Euh, oui, au sujet de mon devoir sur Shakespeare, c'est ça ? hasarda-t-elle. Je sais que ce n'était pas l'un de mes meilleurs travaux. Je suis désolée. Je vous promets que je vais faire des efforts !

Nerveuse, elle toussota et jeta à nouveau un coup d'œil en direction de Lucy, qui recevait encore une tonne de compliments. Si seulement elle pouvait être ailleurs avec ses amies. Partout sauf ici, à discuter d'autres choses que de ces stupides devoirs et des délais à respecter. Pourquoi ses professeurs ne rencontraient pas ses parents sans elle ? Elle venait déjà tous les jours au collège !

— Madame Piercy pense que tu n'es peut-être pas dans ton assiette en ce moment, dit sa mère. Et quand je vois que tu n'arrives même pas à rester concentrée sur cette discussion, ça m'inquiète !

À la façon qu'avait sa mère de faire courir ses ongles élégamment manucurés sur la luxueuse pochette de sa tablette, Abby devinait qu'elle était agacée.

— Le brevet, c'est l'année prochaine, autant dire demain ! C'est le moment de faire un effort. Et je ne te parle pas que de l'anglais : tous tes professeurs s'inquiètent.

Contrariée, Abby poussa un soupir. Elle s'était sentie super mal à l'aise pendant les rendez-vous avec les professeurs d'allemand et de science, mais personne ne semblait remarquer qu'elle *faisait* des efforts. Ok, elle avait triché en SVT, mais c'était une exception, une erreur commise en désespoir de cause. Et ça ne valait certainement pas l'humiliation qu'elle avait ressentie. Apparemment Hermione n'avait pas cafté, mais elle évitait toujours Abby comme la peste. C'était presque pire ! Pourtant, Abby avait passé *des heures* à réviser pour les autres contrôles. Elle n'espérait pas rejoindre Hermione en tête de classe, mais elle ne comprenait pas pourquoi ses notes étaient si mauvaises. Même Kayleigh s'en sortait mieux qu'elle. Alors qu'elle avait quand même demandé au professeur à quoi ressemblait l'arbre sur lequel poussaient les pommes de terre ! Abby avait l'impression que malgré ses efforts, elle n'y arriverait jamais !

— Comme je suis le professeur principal d'Abby, je suis allée en discuter avec mes collègues. Il nous semble qu'elle rencontre des difficultés dans d'autres domaines, exposa madame Piercy en croisant ses jambes habillées de collants fuchsia.

Magnifiques chaussures, mademoiselle ! pensa Abby lorsqu'elle aperçut sous la table les escarpins dorés de sa professeure.

— Nous nous demandons si elle a des problèmes particuliers en dehors de l'école, sans parler de son implication dans la comédie musicale, et son... euh... vlog, continua prudemment madame Piercy.

— À ce propos, pensez-vous que ses activités sur YouTube nuisent à son travail ? demanda madame Pinkerton si brusquement que sa fille sursauta. Abby n'a plus que YouTube à la bouche, en ce moment !

— Je ne parle pas que de ça, maman ! protesta Abby, mal à l'aise.

Elle se tourna vers sa professeure.

— Ça ne m'occupe pas tant que ça, madame, honnêtement.

Madame Piercy sourit.

— Mais le montage de vos vidéos doit être extrêmement chronophage, non ?

Parmi leurs professeurs, madame Piercy était celle qui suivait avec le plus d'assiduité leurs publications sur YouTube. D'habitude, Abby trouvait ça sympa d'habitude... Mais pas aujourd'hui.

— Mais non, ça va, objecta Abby, sur la défensive. Les vidéos sont très courtes et nous les réalisons à tour de rôle.

— Ça suffit, Abby, l'interrompit sa mère avant de regarder madame Piercy droit dans les yeux. Pensez-vous qu'il faille y mettre un terme ?

— Il serait certainement utile de réduire les activités extrascolaires d'Abby, répondit madame Piercy d'une voix douce. Ce serait temporaire, Abby. Nous pourrions aussi envisager de lui faire passer des... tests. Simplement pour comprendre la source de ses problèmes. Si vous l'acceptez toutes deux, bien entendu.

— Quelle sorte de tests ? demandèrent en chœur Abby et sa mère.

Madame Piercy sourit.

— Ni moi, ni mes collègues ne sommes spécialisés dans ce domaine, mais nous pensons qu'Abby a des difficultés d'apprentissage.

Elle marqua une pause.

— Si vous l'acceptez, nous souhaiterions qu'Abby passe une première évaluation avec notre psychologue scolaire.

Des difficultés d'apprentissage ? Abby sentit son estomac se nouer et ses joues rougir. Un *psychologue scolaire ?* Est-ce que ça voulait dire qu'elle était idiote ?

Choquée par la suggestion de madame Piercy, Abby se dirigea ensuite vers la table de madame Kusama. Celle-ci était très contente du travail qu'Abby avait fourni pour rattraper son retard dans *Grease*, elle qui avait rejoint tardivement la troupe.

— Sa ténacité m'a réellement impressionnée, la complimenta la professeure.

Malheureusement, cela ne suffit pas à rassurer la mère d'Abby qui, une fois en voiture, lui fit part de ses inquiétudes.

— Pour être honnête, Abby, je ne suis pas sûre que ton implication dans *Grease* soit une bonne idée. Je suis très fière d'entendre les louanges de madame Kusama et je sais que tu es ravie de participer à ce spectacle. Mais apprendre tes répliques va te demander beaucoup de temps. Tu ferais peut-être mieux de le consacrer à tes révisions.

Abby envoya un SMS à Ben avant de lever les yeux de son téléphone.

19 : 41

Abby : La réunion parents-profs est un désastre !

— Je ne peux pas arrêter, maman. J'étais la remplaçante de Kayleigh : il n'y a personne pour *me* remplacer ! En plus, j'ai déjà appris tout mon texte.

Elle détourna son regard vers la fenêtre.

— De toute façon, tu as entendu madame Piercy. Ils pensent que je suis débile, ajouta-t-elle, en colère. Ça n'a rien à voir avec *Grease*.

C'était une réaction puérile, Abby en était bien consciente, mais l'idée de voir un psychologue la rendait malade.

Madame Pinkerton tapota le bras d'Abby.

— Ma chérie, tu es tout sauf bête ! N'en fais pas toute une histoire. Tu dois juste apprendre à gérer ton temps de travail et tes priorités. Cela te servira toute ta vie !

La mine déconfite, Abby se replongea dans ses SMS.

— Voilà ce qu'on va faire, reprit madame Pinkerton. Tu peux rester dans *Grease*, puisqu'apparemment, tu t'en sors très bien. Mais il va falloir passer moins de temps sur ton téléphone et arrêter de tourner tes vidéos.

Dépitée, Abby quitta son écran des yeux.

— Quoi ? Mon *téléphone* ? Mais je ne peux pas vivre sans, maman ! Et ce n'est pas juste pour les vlogs. Pourquoi Josh a le droit, lui ?

Madame Pinkerton tapota le volant avec ses pouces, trahissant son impatience face à la circulation chargée.

— Josh a de bons résultats scolaires. Quant à toi, comme madame Piercy l'a souligné, tu ne peux pas te payer le luxe d'être distraite par YouTube en ce moment.

Elle regarda sa fille droit dans les yeux un instant.

— Je suis très fière de toi, mon cœur, mais on doit trouver un moyen d'améliorer ta concentration.

— Mais je me suis engagée à publier des vidéos régulièrement, c'est le pacte de « Ma vie en vlog » ! protesta Abby.

Sa mère poussa un soupir.

— Je suis sûre que les filles peuvent se débrouiller quelques semaines sans toi. C'est super, ce que vous faites, et si tu obtiens de meilleures notes, tu pourras reprendre. Mais pour le moment, *Grease* est largement suffisant. Je vais parler avec ton père de ce que tes professeurs ont dit, je suis sûre qu'il sera d'accord avec ma décision.

Abby n'en croyait pas ses oreilles.

— C'est horrible, je n'aurai plus d'amis et plus de vie. Tu dois me donner une raison de vivre !

Madame Pinkerton leva les yeux au ciel et reporta son attention sur la route.

— Très bien, la tragédienne, tu seras autorisée à utiliser ton portable une heure chaque soir et le week-end. Comme ça, tu pourras rester en contact avec tes amis. Je ne suis pas une sorcière, je comprends ce que tu ressens. Mais ton éducation est notre priorité. Tu ne peux pas risquer de gâcher ton avenir.

Découragée, Abby l'écoutait en silence, quand la réponse de Ben apparut sur son écran.

20 : 02

Ben : Qu'y a-t-il ? Dakota m'a dit que tu avais l'air stressée.

Il ne manquait plus que ça ! Ben et Dakota parlaient d'elle... Elle était trop déprimée pour répondre. De toute manière, Ben cesserait de lui écrire quand son téléphone serait confisqué et qu'elle ne pourrait plus lui envoyer de SMS avant des heures... Dakota, elle, devait lui répondre dans la seconde. Pff. Bien sûr, ce n'était pas aussi grave que quand Lucy s'était fait confisquer sa caméra par le directeur du collège à cause de Dakota. Mais l'avenir ne s'annonçait pas vraiment rose pour le moment... Et, vlog ou pas, elle était sur le point d'être OFFICIELLEMENT diagnostiquée idiote.

— Ça ne s'est pas si mal passé, monsieur Evans m'a mis une super note de participation grâce au coaching de gymnastique que je donne le midi, dit Jessie. Ça a compensé mes résultats catastrophiques en physique.

Abby s'approcha de la table où ses amies faisaient le débriefing de la réunion parents-professeurs.

— Comment ça s'est passé pour toi, Abby ? demanda Jessie.

Celle-ci s'assit, un sachet de ketchup à la main.

— Ah non, moi je n'ai pas eu droit à des points bonus, alors bon...

Elle leva les yeux. Hermione la dévisageait, mais les autres n'avaient rien remarqué. Abby se força à rire.

— Une réunion parents-professeurs, c'est forcément naze, pas vrai ?

— Exa-exactement, approuva Lucy. D'ailleurs, faisons plutôt un point sur « Ma vie en vlog ». Nous de-devons réfléchir aux prochaines vidéos. Hermione, tu as prévu un cours de pâtisserie, c'est ça ? Abby, ça te dirait de préparer avec moi une vidéo sur le thème de Noël ?

— OK, répondit Abby en se débattant avec son sachet. Mais pourquoi il ne sort pas, ce ketchup ?

— Une virée shopping, peut-être ? suggéra Lucy. Pour choisir ses cadeaux ?

— M-hm, m-hm.

Abby continua de s'acharner sur son ketchup pour gagner du temps. Soudain, elle se rendit compte que les autres attendaient sa réponse (à part Hermione qui la fusillait du regard). Elle poussa un soupir. Elle ne pouvait pas y échapper, il fallait qu'elle leur avoue la vérité.

— Ça a l'air top, Lucy, mais, en fait, il faut que je vous dise un truc.

— Ah-ah ! Intéressant ! se réjouit Jessie.

— C'est tout le contraire, si tu veux savoir, marmonna Abby. En tant que présidente de « Ma vie en vlog », je vais avoir besoin de votre soutien pour les semaines à venir. Je suis comme qui dirait... interdite de vlog en ce moment. Pour plusieurs semaines, à vrai dire. Voire des mois.

— Quoi ! C'est parce que tu flirtais avec Charlie dans la vidéo de FarceEinstein ? demanda Jessie, les yeux écarquillés. Ça a fait flipper ta mère ?

Abby éclata de rire. On pouvait toujours compter sur Jessie et ses théories loufoques.

— Non, ma mère sait que c'était pour rire. En plus, il ne s'est rien passé je te rappelle !

— Pourtant, il avait l'air déçu quand tu as embrassé Mouflet, fit remarquer Lucy.

— Tu crois ? demanda Abby, les yeux brillants. Qu'est-ce qui te fait dire ça ?

Hermione leva les yeux au ciel.

— On s'en fiche, Abby. Tu étais sur le point de nous raconter pourquoi tu as été interdite de vlog...

Abby poussa un soupir.

— C'est vrai. Ça n'a rien à voir avec le vlog en lui-même, ma mère nous trouve super, mais... comme... J'ai du mal à suivre en classe... expliqua-t-elle en baissant progressivement la voix. Mes notes sont catastrophiques et les profs me répètent sans cesse que si je n'apprends pas à me concentrer, je n'aurai jamais mon brevet. Sérieux, on me rebat les oreilles avec ma concentration en ce moment.

Elle haussa les épaules et piqua sa fourchette dans son assiette.

— Quoi qu'il en soit, je peux toujours vous aider à réfléchir aux idées de vlogs, c'est juste que je ne peux plus rien tourner. Et je n'ai plus droit qu'à une heure de téléphone par jour.

— Non ! Ma pauvre ! s'écria Lucy. Mais je n'avais pas remarqué que tu avais de si mauvaises notes !

— Enfin, elles ne sont pas *SI* nulles...

Abby s'interrompit en lisant l'expression du visage d'Hermione qui, elle, avait vu son trois sur vingt en anglais et savait qu'elle avait triché en SVT.

— Bon, je ne vais pas vous mentir, mes résultats sont lamentables. Je n'ai jamais eu d'aussi mauvaises notes ! Dans à peu près TOUTES les matières, même quand je révise.

Elle repoussa son assiette et croisa les bras.

— Voilà, maintenant vous savez tout. L'« Incroyable_Abby » est un cancre ! Ça ne date pas d'hier et ça ne va pas s'arranger.

Un silence pesant s'abattit sur la table.

— Mais non, Abby, tu exagères, la rassura Lucy. Sans toi, notre chaîne YouTube n'aurait pas un tel succès. Notre nombre d'abonnés a décollé grâce à toi.

Jessie acquiesça.

— Et tu assures dans *Grease* ! Et pour tes notes, eh bien, tout le monde n'est pas fait pour l'école. C'est si grave que ça ?

— Pour moi, ça compte, répondit Abby avec tristesse. On va me faire passer des tests pour mes difficultés d'apprentissage. Ça craint, non ?

Quel soulagement de le dire à voix haute. Ses amies avaient fait de leur mieux pour ne pas réagir quand elle avait évoqué ses « difficultés d'apprentissage ». Abby eut presque envie d'en rire. Lucy s'était efforcée de ne pas paraître trop surprise, Jessie avait eu un peu plus de mal, ses sourcils étaient remontés d'un cran. Quant à Hermione, elle avait gardé les yeux braqués sur Abby.

— La totale, pas vrai, les filles ? En tout cas, du coup, les profs vont me laisser un peu de répit, continua-t-elle.

La sonnerie retentit.

— Tu as bien fait de nous en parler, Abby, la remercia Jessie. Je dois filer à l'entraînement de gym, mais pour les vlogs, ne t'inquiète pas, je peux m'impliquer davantage. On en discute plus tard ?

— Je dois y aller moi aussi, mais j'en ferai aussi p-plus, dès que possible, ajouta à son tour Lucy. En ce moment, entre les répétitions de *Grease* et Sam, mes week-ends sont chargés, mais on va y arriver.

— Merci, les filles, vous êtes les meilleures, cria Abby à ses amies qui s'éloignaient déjà.

Hermione et Abby se retrouvèrent seules. Abby s'empara à nouveau du sachet de ketchup. Elle le tripota avec dépit avant de le reposer. Elle leva doucement les yeux vers son amie.

— Herm', je te dois des excuses. Tu avais raison à propos de l'interro. Je suis vraiment désolée.

Hermione continua de la jauger avec le regard d'un juge dans une affaire criminelle.

— Mais pourquoi tu m'as menti ? demanda-t-elle finalement.

— Je ne sais pas. J'étais désespérée. Puis quand tu t'en es aperçue, j'ai eu tellement honte que je ne savais plus quoi dire.

Abby lui lança un regard suppliant.

— Je te promets que ça ne se reproduira pas.

Hermione se pencha soudain au-dessus de la table. Elle saisit le sachet de ketchup.

— Faut avoir le coup de main, je vais t'aider !

Elle fit couler du ketchup sur les frites d'Abby et la regarda à nouveau.

— Bon, tu es pardonnée. Je peux t'aider avec les devoirs, si tu veux ?

— Ça serait super, répondit Abby, soulagée. Waouh, je pensais vraiment que tu me détestais.

Hermione secoua la tête.

— Bien sûr que non.

Abby serra Hermione dans ses bras. Que ferait-elle sans ses formidables amies ?

De : Incroyable_Abby@le-monde-d-abby.com
À : LaVraieRedVelvet100@gmail.com

Coucou Tiffany,
Merci pour tes commentaires sur nos vlogs. On est hyper heureuses que tu nous suives ! Je t'écris pour te dire que je vais devoir m'absenter de la chaîne pendant un temps. Je suis très déçue, mais j'ai de mauvaises notes en ce moment, alors je dois me concentrer sur mes cours. Ça me déprime. Mais les filles vont continuer sans moi et ça,

ce sera vraiment top (même si je n'aime pas me sentir à l'écart ☹).
J'espère que tout roule pour toi. Fais un gros câlin à Bambi pour moi !
Bises
Abby

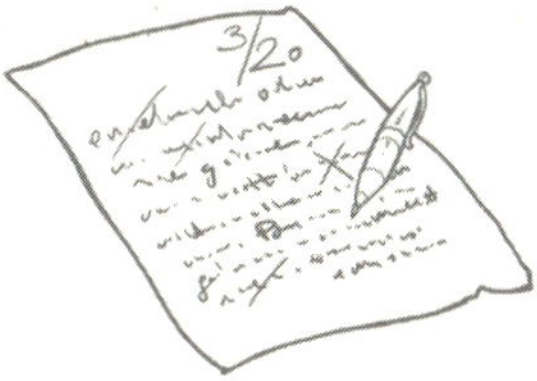

VLOG DE FARCEEINSTEIN

INCROYABLE_ABBY DE MA VIE EN VLOG : PIÉGÉE !!!

6 : 45

DÉBUT DE LA VIDÉO : SALLE DE BAINS CHEZ ABBY – JOUR

Josh vlogue devant le miroir. On aperçoit la baignoire et la douche derrière lui.

JOSH

Salut à vous, les fans de FarceEinstein et merci de nous suivre ! Aujourd'hui, il n'y a que moi… Je vais jouer un tour à ma petite sœur, Abby. Elle est pénible, elle passe toujours deux plombes dans la salle de bain, comme si elle était la seule à l'utiliser. Elle squatte, c'est interminable. Mais aujourd'hui, l'heure de la revanche a sonné !

Josh saisit une bouteille d'après-shampoing qu'il montre à la caméra.

JOSH

Ça, c'est l'après-shampoing préféré d'Abby. Vous avez vu, le flacon est violet, et le produit aussi. Ce n'est pas donné ce truc-là…

(Un rire machiavélique lui échappe.)

… Oups ! Je le vide dans le lavabo.

Josh vide le contenu du flacon. Il attrape ensuite une autre bouteille sur laquelle est inscrit : « Couleur folle ».

JOSH

« Couleur folle » est une teinture pour les cheveux. Justement, elle est aussi violette. Je vais maintenant remplacer l'après-shampoing par ce produit.

Josh s'exécute et filme l'intérieur du flacon.

JOSH

Impossible de voir la différence, n'est-ce pas ? Maintenant que j'ai préparé ma farce, je vais patiemment attendre qu'Abby rentre du collège et vienne prendre sa douche. Je vous tiens au jus…

LA VIDÉO S'INTERROMPT.

***NOUVEAU PLAN** : CHEZ ABBY, COULOIR DE L'ÉTAGE – JOUR*

Josh se tient devant la porte de la salle de bains.

JOSH

(Il chuchote.)

Abby vient juste d'arriver. Comme prévu, elle s'est précipitée dans la salle de bain. Elle n'était pas de super bonne humeur… Je sens qu'on va bien se marrer !

(Il glousse.)

Elle va me tuer. Ne vous inquiétez pas, je ne compte pas la filmer sous la douche.

On entend de l'eau couler.

ABBY

(Elle hurle sous la douche.)

MAIS ! C'est quoi cette horreur ? Pourquoi mes cheveux sont violets ? Ils sont COMPLÈTEMENT violets !

Elle coupe l'eau.

JOSH

(Il frappe à la porte.)

Tu es habillée ?

Josh entre dans la salle de bains. Enveloppée dans sa serviette, Abby observe son reflet dans le miroir. Elle tient une mèche de cheveux. Même mouillée, on voit qu'elle est clairement violette.

ABBY

C'EST UNE BLAGUE ? Josh ! Je sais que c'est encore un de tes coups ! T'es vraiment pénible ! T'as rien de mieux à faire ?

JOSH

Calme-toi, c'est juste une blague ! Ça finira bien par disparaître…

(Il rit nerveusement.)

Et puis, ça te va plutôt bien au teint !

ABBY

(Au bord des larmes, elle hurle.)

Mais t'es grave ! Je vais devoir les laver un million de fois pour que ça parte. Ou même les décolorer. Et comment je fais si je ne retrouve pas ma couleur naturelle pour la première de la pièce ? C'est un désastre. Éteins-moi cette caméra ! Maman est là ?

(Elle se met à hurler.)

MAMAN ! MAMAN ! Viens voir ce que ton abruti de fils m'a fait !

JOSH

(à la caméra)

À mon avis, c'est le moment de fuir ! Si ce piège spécial « Ma vie en vlog » vous a plu, cliquez sur « J'aime ». N'oubliez pas de vous abonner et de jeter un œil à la chaîne « Ma vie en vlog ». Tous les liens sont sous la vidéo. Byeee !

FIN DE LA VIDÉO.

Abonnés : 4 234
Vues : 1 546
Commentaires :
Incroyable_Abby_xxx : je l'ai aussi téléchargé sur la chaîne « Ma vie en vlog » pour que vous puissiez ressentir ma peine !!! Je suis tellement ☹ !
Lucy_Lou : OMG, ma pauvre !
Billythekid : LOL LOL LOL
***JazzyJessie* :** En fait, c'est plutôt cool le violet… et ils ne peuvent pas te dire de l'enlever au bahut.

FilleTimide1 : Je suis tellement contente de ne pas avoir de frère 😲.
LaTraqueuse : Tu es si drôle, Josh ! xx
Peter_Farceur : Ahahaha bien joué mec !
FarceEinsteinCharlie : Quel crétin… La colère, ça ne sert à rien, prends ta revanche @Incroyable_Abby_xxx ☺

(Faire défiler vers le bas pour voir 24 commentaires supplémentaires)

Chapitre 6

— Ça suffit, j'abandonne !

Fatiguée de coiffer ses cheveux, Abby détacha sa queue-de-cheval de côté et reposa sa brosse. C'était la troisième coiffure qu'elle essayait. Mais le style n'y changeait rien. Sa chevelure blonde adorée était désormais violette. Ce n'était même pas un brun aux reflets violets. Non. Plutôt un violet fluo teinté de rose. Un style qui pouvait plaire, mais les couleurs pétard n'avaient jamais été le truc d'Abby.

— Josh, je vais te tuer, murmura-t-elle.

Que se passerait-il si elle n'arrivait pas à retrouver sa couleur naturelle avant la première de *Grease* ?

C'était Frenchie le personnage connu pour ses cheveux colorés, pas Jan ! Comme si elle n'avait pas déjà assez de soucis à gérer en ce moment...

Point positif, la vidéo avait bien marché avec les fans de « Ma vie en vlog ». La chaîne avait gagné de nouveaux abonnés et Abby devait bien reconnaître qu'elle aurait adoré la vidéo, si elle n'y avait pas joué le rôle de la malheureuse victime. Elle regarda sa montre et verrouilla son casier. *Houlà ! La répétition ne va pas tarder à commencer !* Elle s'élança dans le couloir, ignorant les regards autour d'elle, et arriva au théâtre à bout de souffle. Là, le reste de la troupe se dirigeait vers les coulisses.

— Bravo à tous ! annonça madame Kusama. Vous avez cinq minutes de pause.

Lucy se précipita vers son amie.

— Où t'étais passée ? Je voulais t'envoyer un SMS, mais je me suis ra-rappelée que tu étais privée de téléphone. Tu ne te caches quand même pas à cause de tes cheveux ?

— Quoi ? Pas du tout ! s'étonna Abby. Tout le monde les a vus, maintenant ! J'ai dû me tromper d'heure. Quelle imbécile !

Ameeka passa nonchalamment près des filles.

— Oh ! C'est vrai ! madame Kusama a avancé la répétition d'une heure, le théâtre était déjà réservé par une autre classe. J'ai dit que je te passerai l'info, mais j'ai oublié. Au fait, sympa tes cheveux !

Elle continua son chemin et rejoignit Dakota. Abby leva les yeux au ciel. Dakota la salua d'un geste moqueur, avant de se mettre à pianoter sur son téléphone.

— Parfait. Vraiment parfait ! grommela Abby. Quelle scène vous avez répétée ?

— La scène d'ouverture, répondit Lucy, les yeux toujours rivés sur Ameeka. Comment peut-on être aussi méchante ? Si tu étais prof, tu aurais suffisamment confiance en elle pour lui demander de faire passer un message ? Ou pour *n'importe quoi d'autre* ? Mais t'inquiète, on va rejouer la scène à la reprise.

— Ouf ! Je peux aller faire pipi, alors ! Je pensais que c'était mort.

Abby rejoignit au pas de course les vieilles toilettes des coulisses.

— Désolée, madame Kusama ! cria-t-elle en chemin. Je reviens dans une seconde.

Consciente du regard insistant de Dakota, elle pénétra dans la cabine. *Brrr, ils auraient dû installer le chauffage ici !* pensa-t-elle. Il y eut un bruit de meubles que l'on déplace puis, au moment d'ouvrir la porte, Abby se rendit compte que c'était impossible. La porte était bloquée. Elle essaya à nouveau. Bloquée.

— C'est quoi cette histoire ? se demanda-t-elle tout haut.

À la troisième tentative, elle sentit la panique la gagner. Machinalement, elle essaya d'attraper son téléphone dans la poche de sa jupe. Puis, elle se souvint qu'elle ne l'avait pas. À l'extérieur, les bruits avaient cessé.

— HÉ ? hurla-t-elle, en tambourinant sur la porte. IL Y A QUELQU'UN ?

Silence. Suivi par ce qui ressemblait à un ricanement satisfait.

— Qui est là ? demanda Abby, incrédule. Vous pouvez me laisser sortir ? Je dois retourner à la répétition !

Son cœur s'emballa quand elle entendit des pas s'éloigner.

— HÉ, REVENEZ ICI, cria-t-elle, choquée. TOUT DE SUITE !

Lorsqu'elle entendit la musique de la répétition qui reprenait, elle comprit qu'elle n'avait aucune chance d'être délivrée à temps. Elle s'assit sur les toilettes, folle de rage. Encore un coup de Dakota et de sa bande. Pourquoi lui en voulaient-elles à ce point ? Était-ce une vengeance parce qu'Abby avait récupéré le rôle de Kayleigh ? Ou alors à cause de Dakota qui avait jeté son dévolu sur Ben ? Il avait passé beaucoup de temps en sa compagnie, récemment !

Maussade, Abby se mit à examiner les graffitis sur la porte. C'était une vraie torture d'être coincée là. Elle entendait à peine les dialogues déclamés sur scène. Au moment où elle aurait dû dire ses répliques, un lourd silence envahit le théâtre. Madame Kusama s'étonna bruyamment de son absence. Abattue, Abby murmura son texte :

— Comme j'aimerais que l'on soit encore en été.

Vingt minutes plus tard, elle avait fini par se croire enfermée là à jamais quand, soudain, elle entendit quelqu'un arriver dans les toilettes.

— AU SECOURS, AU SECOURS ! hurla-t-elle, désespérée.

— Abby, tu es là ? Pou-pourquoi il y a une chaise devant la porte ?

— Lucy, aide-moi ! cria-t-elle, soulagée. Je crois que quelqu'un m'a coincée là exprès !

— Quelqu'un a… quoi ? J'y crois pas ! A-attends !

Aussitôt, Lucy déplaça la chaise et libéra Abby.

— Ça va ? demanda-t-elle en serrant fort son amie contre elle. Désolée de ne pas être venue te chercher plus tôt : quand j'ai réalisé que tu n'étais pas revenue, on en était déjà à la moitié de la scène. Dis donc, c'est p-pas ta journée !

— Ne t'inquiète pas, je suis juste contente d'être sortie, dit Abby. Mais tu vois ce qu'elles sont prêtes à faire ? C'est pathétique !

— Tu sais qui t'a enfermée ? demanda Lucy en lui tendant un paquet de bonbons. Ti-tiens, un peu de sucre pour t'en remettre !

Abby accepta avec gratitude une poignée de bonbons.

— Je parie que c'est Kayleigh, j'ai reconnu son rire façon grognement de cochon. Peut-être qu'elle veut récupérer son rôle. Mais je pense qu'il y a autre chose : de toute évidence, Dakota veut me mettre hors jeu. Ça expliquerait pourquoi Ameeka ne m'a pas informée du changement d'horaire pour la répétition. Elles n'ont rien de mieux à faire, ça fait vraiment pitié !

Elles retournèrent au théâtre et s'assirent dans le rang près de l'orchestre. Le gros de la troupe avait disparu. Sur scène, Dakota et Ben répétaient la scène de Betty Rizzo et Kenickie devant madame Kusama.

— Sam passe me chercher pour aller à la patinoire. Il faut que je file, chuchota Lucy. Ça va aller ?

— Oui, répondit Abby, l'air absent et le regard braqué sur Dakota et Ben.

Leurs personnages se disputaient. Dakota poussa Ben des deux mains, puis elle lui adressa un sourire tendre. Une fois la scène terminée, elle lui tapa dans les mains, complice.

— Je vais... traîner un peu, dit-elle à Lucy. Il faut que j'aille présenter mes excuses à madame Kusama.

— Des excuses ? Mais... tu ne vas pas expliquer ce qui s'est passé avec Da-Dakota ?

— Pas pour le moment, chuchota Abby, les yeux toujours rivés sur la scène. J'ai besoin de plus de preuves. En attendant, je ne veux pas créer de problèmes ni donner un prétexte à madame Kusama pour m'exclure du spectacle. C'est la seule professeure qui me soutient. Salue Sam de ma part.

— Ça marche. À plus !

Après le départ de Lucy, Abby essaya d'attirer l'attention de Ben. Hélas, celui-ci était complètement absorbé par son rôle. Il brossa sa veste puis jeta un regard de colère à « Betty » avant de faire demi-tour.

— C'était fantastique ! s'exclama madame Kusama. J'adore votre énergie. On sent la tension bouillir entre vous.

Berk, pensa Abby avec dégoût. Elle se leva de son siège. *La tension qui bout ? Je ne peux pas supporter ça plus longtemps.* Elle décida de remettre sa discussion avec madame Kusama au lendemain.

— Comment ça va, Abby ? Ou alors tu te fais appeler Violette le temps que la teinture disparaisse ?

Abby sursauta. Charlie l'avait rattrapée dans le couloir, à l'extérieur du théâtre.

— Ah ah, s'exclama-t-elle avec un rire forcé.

Elle toucha ses cheveux du bout des doigts.

— Je n'arrive pas à croire que tu aies laissé mon crétin de frère faire ça.

Elle était contente de croiser Charlie, qu'elle n'avait pas revu depuis le vlog « Action ou vérité »,.

Il leva les bras, faussement indigné.

— Je n'étais pas au courant, je te jure ! Mais finalement, je trouve que cette couleur te va bien. Je veux dire, Tinky Winky, le télétubby violet a toujours été mon préféré, et Barney le dinosaure est une vraie légende. Vive la team violette !

Abby lui tira la langue.

— Qu'est-ce que tu fais ici, au fait ?

— J'ai rendez-vous avec madame Kusama. Je vais m'occuper des lumières sur *Grease*. À partir de maintenant, je vais assister aux répétitions.

Abby sentit son cœur bondir dans sa poitrine.

— Trop cool ! C'est une super production. Même si je ne sais pas trop ce qui m'attend si je n'arrive pas à faire partir cette fichue couleur. Je voudrais rendre la monnaie de sa pièce à Josh, mais je n'ai pas encore trouvé la vengeance idéale.

— Ça ne saurait tarder, répondit Charlie, les yeux brillants d'excitation. Ne connaîtrais-tu pas la personne idéale pour te filer un coup de main ? Qui connaît les moindres faits et gestes de Josh ? Qui est au courant de ses plus grandes peurs ? Quel génie des blagues, habitué à jouer les pires tours, se trouvc cn ce moment même auprès d'une beauté à la chevelure violette ?

Abby éclata de rire, les idées se bousculaient soudain dans sa tête.

— Tu veux m'aider à me venger ? Carrément ! C'est la meilleure nouvelle de la journée !

De retour chez elle, Abby était en train de réfléchir à la blague que Charlie et elle pourraient jouer à Josh quand son téléphone, récupéré pour soixante merveilleuses minutes, émit un petit bip.

16 : 02

Ben : Désolé, on n'a pas pu parler aujourd'hui – j'espère que tu vas bien. Bises.

Elle sourit à la deuxième lecture du message. Ben savait-il que Dakota l'avait piégée ou était-il simplement surpris par son absence à la répétition ? En tout cas, il pensait à elle. Pas à sa scène avec Dakota. Un point pour Abby !

16 : 04

Abby : Ben m'a envoyé un message !! Bises, il a écrit ! Désolée, Dakota, mais tes plans ne font que TOMBER À L'EAU !

16 : 05

Lucy : Ah ah ! C'est clair, il t'aime bien et Dakota ne peut rien y faire. C'est quoi son plan maintenant, t'enfermer dans ta chambre pendant 70 ans ? Bises

16 : 06

Abby : Argh ! Arrête ça pourrait lui donner des idées 😫…

VLOG 6

C'EST PARTI POUR LE SHOPPING DE NOËL !

11 : 30

DÉBUT DE LA VIDÉO : CENTRE COMMERCIAL – JOUR

Lucy, Sam, Hermione et Jessie se serrent sur un banc dans un centre commercial, un gobelet de chocolat chaud à la main.

LUCY

Salut, les fans de « Ma vie en vlog » ! Le mois de dé-décembre approche ! Vous savez ce que ça veut dire ? Primo, c'est le temps des chocolats chauds. Et secundo, c'est le top départ pour la course aux cadeaux de Noël ! On a eu envie de filmer notre premier shopping de Noël de la saison. Bonne nouvelle : Sam a surpassé sa peur des réseaux sociaux pour se joindre à nous. On apprécie d'autant plus qu'Abby ne peut pas être parmi nous aujourd'hui.

JESSIE

(On entend sa voix derrière la caméra.)

Sam, je viens juste de remarquer ta ressemblance avec Abby. C'est fou !

SAM

Ah ! Ah ! Salut tout le monde !

Mal à l'aise, Sam salue la caméra.

JESSIE

Au cas où vous l'ignoreriez, Sam est le copain de Lucy !

HERMIONE

Bon, c'est parti ? J'ai tellement de choses à repérer… On peut passer dans une librairie d'abord ? S'il vous plaît ?

LUCY

Hé oh, p-petit rat de librairie ! Je te rappelle que le but de cette virée shopping est de trouver des cadeaux pour les autres. On est juste devant une boutique de cosmétiques, alors c'est par là qu'on va commencer ! Leurs produits sont tops et leurs idées cadeaux font très envie. En plus, leurs produits ne sont pas testés sur les animaux…

HERMIONE

Ok, tant qu'on passe à la librairie plus tard…

JESSIE

Oh ! Ça sent trop bon ! Et la boutique est hyper bien décorée ! J'ai envie de tout acheter ! Jetons un œil aux bombes de bain… Vous avez vu les super coffrets ?

HERMIONE

Qui peut m'offrir ce pain moussant en forme de flamant rose ? Il est trop mignon !

LUCY

Miam ! Et celui-là avec les paillettes, il sent le chewing-gum. Je parie que Maggie l'adorerait ! Tiens, Sam, sens-le !

Lucy met le pain moussant sous le nez de Sam. Il a un mouvement de recul.

SAM

Ne compte pas sur moi pour mettre ce truc dans mon bain !

Lucy rigole.

LUCY

OK, passons au maquillage. Il me faut des vernis à ongles.

Hermione, Jessie et Lucy se dirigent vers le comptoir à maquillage.

JESSIE

Sam, viens par là ! J'ai besoin de ton aide…

Sam se traîne jusqu'à Jessie. Elle attrape un gros pinceau, l'imprègne de poudre pailletée et se met à balayer les joues de Sam.

JESSIE

(Elle rit comme une folle.)

Parfait ! Ça te va hyper bien !

SAM

Non ! Jess !

Sam essaie désespérément d'enlever la poudre.

SAM

(Il rit.)

Tu es insupportable ! Désolé, Lucy, j'en ai assez vu !

SAM parvient à mettre de la poudre sur Jessie. Il quitte la boutique en courant.

***NOUVEAU PLAN** : BOUTIQUE DE BIJOUX FANTAISIE – PLUS TARD*
Jessie est toujours derrière la caméra.

JESSIE

On fait maintenant un petit tour rapide du côté des bijoux et accessoires… et on a perdu Sam. Le pauvre, il n'en pouvait plus. Je pense qu'il nous attend devant un chocolat chaud.

Jessie se filme en train d'essayer des lunettes de soleil et des chapeaux.

JESSIE

Regardez ! Une brosse à dents musicale ! Waouh ! Elle joue du Justin Bieber, c'est énorme !

HERMIONE

Je trouve ce petit collier argenté trop chou. Très raffiné. Si vous cherchez une idée de cadeau pour moi… Oh ! Et regardez ces boucles d'oreilles. Très originales ! On pourrait l'offrir à une certaine personne que nous connaissons toutes ?

LUCY

Laisse-moi réfléchir. Bien vu ! Je pense qu'elle va adorer. Oh, regardez, il y a une promo : 12 euros les 10 ! Ça s'applique sur les bagues et sur les accessoires !

Lucy, Hermione et Jessie regardent plusieurs petits objets et remplissent leurs paniers.

JESSIE

On va dévaliser ce magasin ! Trop de choses extra et pas chères… Et on doit encore aller voir les fringues !

LUCY

Pauvre Sam. Il doit en être à sa quatrième boisson, maintenant ! Je vais voir s'il tient le coup…

***NOUVEAU PLAN** : CHAMBRE DE LUCY – PLUS TARD*
Les filles sont vautrées sur le lit au milieu de sacs de shopping, de bols de pop-corn et de paquets de chips.

LUCY

On rentre à peine de notre virée. On était tellement chargée que j'en ai eu mal aux bras ! Mais ce fut une réussite : je suis ruinée !

JESSIE

Allez ! On va tout étaler sur le lit pour vous montrer ! Mais avant, j'ai besoin de grignoter, je meurs de faim.

HERMIONE

En réalité, on ne peut pas tout vous montrer, car CERTAINS risquent de regarder la vidéo, même si on leur a formellement interdit !

JESSIE

Tant pis ! Je n'en peux plus d'attendre…

Jessie vide tous les sacs sur le lit tout en mangeant une poignée de pop-corn.

LUCY

J'adore le parfum de ces boules de bain. Qu'est-ce que tu en penses, Trompette ?

Rebuté par l'odeur, Trompette s'enfuit.

LUCY

Je pense que c'est un peu trop fort pour lui !

HERMIONE

Voici nos incroyables vernis à ongles, couleur « argent », « bronze » et « paillettes violettes ». J'avoue, j'en ai acheté pour moi... Il y avait une promotion sur les baumes à lèvres teintés : « un acheté, un offert ».

JESSIE

J'ai fait le stock de chaussettes kawaii : avec des pandas, des pingouins, des hiboux... Sans oublier cet adorable bonnet pingouin pour mon petit frère chéri !

Jessie fait mine d'enfiler le bonnet de bébé.

HERMIONE

J'adore ce tee-shirt *Hunger Games*, mais je ne sais pas encore à qui je vais l'offrir... Et j'ai acheté cette bougie parfumée aux aiguilles de pin pour ma mère. Je peux le dire, car je suis quasiment sûre qu'elle ne regardera pas le vlog !

LUCY

Moi, j'ai trouvé un cadeau génial pour Sam. Mais je garde le secret, au cas où il nous regarderait. Tout ce que je peux dire, c'est que ça lui tiendra chaud aux oreilles à la ferme, cet hiver !

(Elle rit.)

Bon, je pense qu'on n'a plus le temps ! C'est le moment de conclure !

JESSIE

Mais j'ai encore plein de trucs à montrer !

LUCY

Garde-les pour une prochaine fois ! Les amis, on espère que cette vidéo vous a plongés dans l'esprit de Noël ! Cliquez sur « J'aime » et à très bientôt !

JESSIE, HERMIONE et LUCY

(Elles saluent la caméra.)

Salut !

FIN DE LA VIDÉO.

Vues : 538
Abonnés : 497
Commentaires :
Incroyable_Abby_xxx : J'aurais trop aimé être là ! Vous avez dû bien vous amuser !
xxArcEnCielxx : C'est fou tout cet argent que vous avez dépensé ! Je suis pauvre ☹.

StephDitCoucou : Ne sois pas méchante, tu es jalouse ! Elles avaient sûrement économisé.
Fille-à-Paillettes : Vous êtes géniales ! #ViveL'Amitié
Pépites_Roses : Moi aussi, j'adore les boules de bain ! ❤
MagicMorgane : Je vais bientôt publier un shopping de Noël sur ma chaîne moi aussi ! 🌲 🎅

(Faire défiler vers le bas pour voir 73 commentaires supplémentaires)

Chapitre 7

18 : 52

Lucy : Les filles, je n'ai pas rêvé. C'était bien Ben et Dakota qui prenaient un chocolat chaud ensemble devant la boutique de cosmétiques ! ☹

18 : 53

Hermione : Ouais. Je ne savais pas qu'ils se voyaient en dehors du collège !

18 : 56

Jessie : Il ne m'inspire PAS confiance.

18 : 57

Lucy : Il envoie des SMS à Abby. Souvent. Vous croyez qu'on devrait lui dire ?

18 : 58

Hermione : Peut-être. Elle craque complètement pour lui…

18 : 59

Jessie : Ouais. En plus, il m'a semblé que D. & B. se donnaient la main… 😲

19 : 00

Lucy : Oh non !!! Pauvre Abby… ☹

Abby, un peu écœurée, patientait en compagnie de sa mère pour son rendez-vous avec le psychologue scolaire. Elle regrettait de s'être préparé un des fameux smoothies verts de RedVelvet pour le petit déjeuner. Dans son ventre, le jus de pomme et de kiwi clapotait encore désagréablement.

Sa mère lui avait permis de jeter un dernier coup d'œil sur son smartphone. Elle l'éteignit et saisit la main de sa fille.

— Ça va bien se passer, Abby, la rassura-t-elle, l'air pourtant préoccupé.

Une ride creusait son front lisse. Rien d'inhabituel à ça : éditrice d'un des plus célèbres magazines de mode du pays, madame Pinkerton avait souvent la tête ailleurs, en train de réfléchir à sa prochaine couverture ou de décider quel journaliste elle débaucherait chez ses concurrents.

Soudain, un crâne chauve apparut à la porte. Monsieur McClafferty, le proviseur, conduisit Abby et sa mère dans son bureau.

— Entrez, merci d'avoir patienté, annonça-t-il. Vous connaissez déjà madame Monroe.

La psychologue était une femme d'âge mûr aux cheveux auburn qui arborait un rose à lèvres fuschia, elle avait l'air sympathique. Elle se leva pour serrer la main de madame Pinkerton. Abby avait rencontré la psychologue lors de l'entretien et du test qu'elle avait passés la semaine précédente. Malgré l'attitude résolument positive et chaleureuse de madame Monroe en cette occasion, Abby avait détesté l'expérience tout autant que l'examen médical du pédiatre.

— Bonjour, madame Pinkerton, ravie de te revoir, Abby, dit madame Monroe. Merci de votre présence.

— C'est un plaisir, répondit la mère d'Abby, soudain ragaillardie. Pouvez-vous m'expliquer où nous en sommes ? Abby est un peu inquiète, mais je suis sûre qu'il n'y a pas matière à paniquer.

— Ça va, maman. On pourrait se contenter d'en finir, non ? demanda Abby avec embarras.

Elle essayait de se comporter comme si elle n'éprouvait pas de gêne, mais sa mère réduisait tous ses efforts à néant.

La psychologue sourit.

— Il n'y a pas de quoi s'inquiéter. En réalité, cette étude et le possible diagnostic sont une étape positive pour Abby. Cela nous permettra de l'aider à progresser.

Abby vit sa mère se raidir un peu au mot « diagnostic ».

— D'après l'examen médical, Abby est en bonne santé et n'a aucun problème physique. C'est une bonne nouvelle, continua madame Monroe. Les différents résultats des tests excluent la dyslexie et la dyspraxie. Mais mes observations et les témoignages des professeurs d'Abby suggèrent qu'elle pourrait avoir une forme mineure de TDAH, autrement dit de troubles de l'attention avec hyperactivité.

Les mots flottèrent jusqu'à Abby. Elle entendit sa mère s'étrangler un peu, puis dissimuler son malaise par une toux. Était-ce si terrible ? Était-elle déçue ? Choquée ? Elle posa son regard sur les fleurs fanées de l'étagère de monsieur McClafferty.

Madame Monroe sourit avec compassion.

— Cette affection n'est pas rare. Nous pensons que le TDAH est créé par des différences de développement du ccrveau qui affecte les parties contrôlant l'attention, la concentration, l'impulsivité, les niveaux d'activités et la mémoire. Nous devons continuer à observer Abby, mais nous pouvons d'ores et déjà adapter l'enseignement qui lui est délivré. La thérapie comportementale et l'apprentissage de compétences simples peuvent aussi lui être d'une grande aide.

Son sourire s'élargit, comme si elle venait de leur annoncer qu'elles avaient gagné au loto.

— Tout cela est vraiment très positif ! conclut-elle.

— Euh... oui, absolument, répondit la mère d'Abby après un moment. Vraiment très positif.

Abby sentit l'agacement monter.

— Arrête, maman. Pas la peine de mentir, tu ne vois rien de positif là-dedans, je ne suis pas comme les autres et maintenant j'ai besoin d'une aide spéciale. Ce n'est pas le genre de trucs que les parents rêvent d'entendre, si ? Je parie que tu appréhendes de l'annoncer à papa.

Le sourire de madame Monroe pâlit un peu. Elle échangea des regards inquiets avec monsieur McClafferty.

— Abby, je comprends que tu sois en colère, mais reste correcte, s'il te plaît, répondit madame Pinkerton, surprise. Nous ferons de notre mieux pour gérer la situation. L'important est que tu reçoives l'aide dont tu as besoin.

Elle baissa la voix.

— Évidemment, je vais le dire à ton père. Même s'il est souvent pris par son travail, ton éducation le préoccupe.

Abby posa son regard sur le vase et inspira de grandes bouffées d'air pour se calmer, maintenant un peu honteuse de la scène qu'elle venait de faire à sa mère.

— Désolée, murmura-t-elle. Je sais que papa et toi êtes là pour moi. Mais je déteste cette situation.

— Ce que tu ressens est tout à fait normal, la rassura madame Monroe d'une voix posée. Écoute nos suggestions, ce qui t'arrive n'est pas une fatalité.

11 : 03

Lucy : Les filles, j'ai vu B. & D. à la pause, seuls dans une salle de classe. C'est obligé, il se passe quelque chose entre eux.

11 : 05

Jessie : Ils faisaient quoi ?

11 : 07

Lucy : B. jouait avec les cheveux de D., ils étaient collés l'un à l'autre ☹.

11 : 07

Jessie : ALERTE !

11 : 08

Lucy : Je pense qu'il faut le dire à Abby…

11 : 09

Hermione : Ouais, elle a le droit de savoir ☹.

11 : 10

Jessie : J'approuve.

11 : 11

Lucy : Au fait, Jess, toujours partante pour un vlog ce week-end ?

11 : 12

Jessie : OUI ! C'EST NOTÉ SUR MON AGENDA ! J'AI HÂTE !!!

— Brr, ça caille ! On se gèle en tenue de sport ! s'exclama Lucy.

Abby et elle quittaient le vestiaire en direction du terrain de basket.

— Alors, raconte ! Pourquoi tu étais absente en cours d'anglais, ce matin ?

Abby fit la moue. Elle avait évité de raconter les derniers événements à ses amies – il y avait finalement quelques avantages à être privée de téléphone. Pourtant, elle n'avait aucune raison de ne pas se confier à Lucy qui devait être celle qui la jugerait le moins.

— J'avais rendez-vous... tu sais, pour le truc dont je t'ai parlé après la réunion parents-profs ?

Lucy acquiesça.

— Eh bien, j'ai passé un test la semaine dernière. Aujourd'hui, ma mère est venue pour le bilan... il s'avère que j'ai un TDAH. En gros, c'est un trouble de la concentration. Étonnant, non ?

Elle eut un rire gêné puis lança un regard à Lucy, à l'affût de sa réaction.

— Bah, ça ne paraît pas si grave, répondit Lucy, en glissant un bras sous le sien. Dans mon ancien collège, c'était assez courant. Du coup, comment ça se passe pour toi, maintenant ?

Abby haussa les épaules.

— Je dois suivre des cours spéciaux pour apprendre à être plus efficace dans mon travail et... Oh, salut, Ben !

Ben qui se dirigeait vers la piste de course venait de lui adresser un petit signe. Soulagée, Abby en avait profité pour changer de sujet.

— Salut, Abby ! s'exclama Ben en ralentissant, puis en courant sur place. Jolies jambes !

— Les tiennes ne sont pas mal non plus ! cria Abby, rouge de timidité. Allez, ne te relâche pas ! C'est l'heure de l'entraînement !

Il rit.

— Ok, coach ! Je vais faire de mon mieux ! À plus tard, miss.

— Salut, Lucy, s-sympa de te voir, Lucy, plaisanta cette dernière tandis que Ben reprenait de la vitesse. Abby, tu me le dirais si j'étais invisible, hein ?

Abby pouffa de rire.

— Ben est adorable avec moi. Le seul truc qui tourne rond dans ma vie, en ce moment. Enfin, avec toi et les filles. Je sens qu'il m'aime vraiment bien... Tu as entendu ? Il m'a appelée « miss » ?

Pourquoi prend-elle cet air sérieux ? se demanda Abby

— Carrément, répondit-elle à voix haute.

— Il m'a envoyé des SMS hilarants. Je sens un truc entre nous.

Elle fit claquer son chewing-gum.

— Mais bon, rien de concret pour le moment. J'attends qu'il fasse le premier pas, tu comprends ?

Lucy haussa les épaules.

— Peut-être qu'il le fera sur scène pendant *Grease* ?

Abby pouffa de rire.

— D'ailleurs, comment ça s'est passé quand Sam t'a embrassée la première fois ? Tu peux me raconter ? À moins que tu aies fait le premier pas ? s'emporta-t-elle en serrant Lucy dans ses bras. Tu ne me racontes JAMAIS rien !

Lucy s'esclaffa.

— Arrête ! Oh tu sais, il n'y a pas grand-chose à dire, on se promenait près d'un étang ! Je pense qu'on s'est lancés en même temps... Je ne m'en souviens plus très bien.

— Trooop mignon, s'extasia Abby. Ça ne m'aide pas franchement à résoudre mon problème. Je me demande si Ben est du genre à aimer que la fille fasse le premier pas.

— Ce qui est sûr, c'est qu'il f-flirte avec toi, répondit Lucy d'une voix douce. Mais il est plutôt... *amical* avec beaucoup de personnes. Pas avec moi ! Mais, je veux dire... avec les autres fi-filles.

Surprise, Abby la dévisagea.

— C'est vrai, c'est un charmeur, mais... entre nous c'est plus fort. Tu as bien vu ses SMS ? Elle se remémora leurs échanges. Il en pince pour moi, je le sais !

— Oui, c'est l'impression qu'il donne. Mais... sois pru-prudente.

Abby intriguée, prit un air inquiet.

— Prudente ? Pourquoi ?

Lucy poussa un soupir.

— Bon, il faut que je t'avoue un truc, Abby. Avec les filles, on a fait du shopping ce week-end et...

— REGARDEZ QUI VOILÀ ! les interrompit Kayleigh tandis qu'elles approchaient du terrain de basket.

L-L-L Lucy Lock-Lock et sa copine, l'attardée aux cheveux violets : l'« Incroyable Abby ».

Les autres filles stoppèrent leur échauffement pour les observer.

Dakota éclata de rire, Abby se figea.

— Kayleigh, tu es tellement méchante ! J'adore ! s'exclama-t-elle avant de changer brusquement de sujet. Brrr, pourquoi il fait si froid ici ?

— C'est vrai que tu vas redoubler, Abby ? demanda d'une voix traînante Ameeka.

Elle ôta son pull et le jeta à Dakota :

— Couvre-toi, ma belle, j'ai un peu chaud.

— De quoi tu parles, Ameeka ? rétorqua Abby. Je ne vais pas redoubler.

Elle se rapprocha de Kayleigh et l'attrapa par le bras.

— Pourquoi tu m'as traitée d'attardée ? continua-t-elle.

— Pas la peine de nier. Je t'ai vue ce matin, avec ta mère. Tu sortais du bureau en compagnie de madame Monroe, répliqua Kayleigh d'une voix aussi sonore qu'un acteur en pleine représentation.

Conscientes de son numéro, plusieurs filles firent mine de ne pas l'écouter. Pourtant, Abby savait très bien qu'elles n'en rataient pas une miette.

— Je plains ta mère, elle n'avait pas l'air très fière de toi.

C'est vrai, songea Abby. *Difficile de prétendre le contraire.*

— En tout cas, Kayleigh, ce n'est pas chez tes parents que tu as découvert à quoi ressemblait la fierté parentale, intervint Jessie, folle de rage. Pourquoi tu ne t'occupes pas de tes oignons ?

Heureusement, le professeur arriva avant que la situation ne dégénère. Il se mit à aboyer des ordres à la classe. Abby était blessée par les mots de Kayleigh, mais surtout honteuse. Elle n'avait pas digéré la nouvelle de son trouble de l'attention et maintenant, tout le collège était au courant ! Dire qu'elle n'en avait même pas parlé à Jessie et à Hermione... Heureusement, Lucy la comprenait. Elle aussi avait dû faire face aux moqueries, à son arrivée au collège. Ça avait été dur pour elle, au début. Mais avec le temps, tout le monde était passé à autre chose.

Les filles allèrent chercher leurs ballons.

— Hé ! Lucy ! Kayleigh t'as coupé la parole avec ses âneries. Qu'est-ce que tu voulais me dire ? demanda-t-elle.

— C'était par rapport à ce week-end… Euh… Rien, laisse tomber… répondit Lucy.

En voyant le visage anxieux de son amie, Lucy n'avait pas eu le courage de lui dire la vérité. Le moment était mal choisi.

— Allez, viens ! reprit-elle. Allons mettre quelques paniers !

VLOG 7

**JAZZYJESSIE* :
MA ROUTINE DU MATIN*

7 : 10

DÉBUT DE LA VIDÉO : CHAMBRE DE JESSIE – JOUR

Jessie est cachée sous une couette turquoise zébrée. Sur la table de nuit, le réveil se met à sonner. Jessie jaillit de sous la couette, éteint le réveil et se cache à nouveau sous les draps. L'alarme sonne une deuxième fois. Cette fois, elle s'assied et s'étire.

JESSIE

On dirait qu'il est l'heure de se lever ! Dommage, je faisais un super rêve…

Jessie descend de son lit après une roulade, puis elle traverse la chambre en faisant la roue.

JESSIE

(Elle passe derrière la caméra.)

Salut, tout le monde ! Bienvenue sur notre chaîne « Ma vie en vlog ». Aujourd'hui, c'est à mon tour de vous recevoir ! Je vais vous faire découvrir ma routine du matin.

(Elle fait un plan panoramique de sa chambre.)

Je viens de refaire la décoration. J'adore les nouvelles couleurs. Elles sont lumineuses, idéales pour filmer !

Jessie enfile ses pantoufles. Ce sont des pattes de dinosaures poilues. Elle lève un pied vers la caméra.

JESSIE

Le matin, j'enfile mes pantoufles – cool, non ? – puis je file, direction la salle de bains pour me préparer !

NOUVEAU PLAN *: SALLE DE BAIN JESSIE – JOUR*

JESSIE

J'adorerais avoir ma propre salle de bain, mais je n'ai pas cette chance ! Je dois me frayer un chemin à travers les canards en plastique et les jouets de mon petit frère. Il y en a partout ! Sans parler des rasoirs de mon frère aîné… Berk !

Alors, pour commencer, je me brosse les dents. Comme je porte un appareil depuis l'année dernière, je dois me montrer particulièrement rigoureuse !

(Jessie fait un grand sourire à la caméra.)

Je dois aussi éviter de manger des bonbons. Vous vous rendez compte ? Pas d'oursons guimauves, ni de chewing-gums ou de caramels. Snif ! Mais le point positif c'est que je peux m'amuser avec les élastiques et les envoyer sur les gens, « sans faire exprès » !

(Elle rit.)

Ensuite, je nettoie mon visage et j'applique de la crème hydratante. Par contre, je ne me maquille pas. À part, de temps en temps, une petite touche de gloss. Vous avez sans doute remarqué que je ne suis pas très girly. Comme mes cheveux sont tressés, je n'ai rien à faire de ce côté-là. Je dois simplement me rendre chez le coiffeur pour refaire les tresses tous les deux mois. Et croyez-moi, ça dure une ÉTERNITÉ !

***NOUVEAU PLAN** : CHAMBRE DE JESSIE – JOUR*
La tenue de Jessie est posée sur le lit.

JESSIE
Aujourd'hui, je vais porter mon jean slim préféré avec ce super gilet à capuche. J'ajouterai ensuite des chaussettes léopard et des baskets. Je reviens…

***NOUVEAU PLAN** :*
Jessie a enfilé sa tenue.

JESSIE

Je meurs de faim ! À table, c'est l'heure du p'tit déj' !

Jessie descend les escaliers à toute vitesse. Elle arrive dans la salle à manger. Son petit frère est assis dans une chaise haute. Il tient une saucisse à la main.

JESSIE

Coucou, Maxou ! Comment va mon petit bout de chou ?

(Quand elle l'embrasse, le bébé rit.)

Je vous présente mon petit frère chéri, Max. Il est trop mignon ! Enfin, il a l'air adorable, comme ça, mais il peut vite se transformer en monstre, surtout quand je suis censée le garder, bizarrement. Si vous voyiez ses crises de colère, elles sont explosives ! Maman, qu'est-ce qu'il y a pour le petit déjeuner ? Je suis affamée !

MÈRE DE JESSIE

(On entend sa voix sans la voir.)

J'ai fait des pancakes et il y a des saucisses dans le four… Sers-toi !

Jessie se sert. Elle montre une saucisse à la caméra.

JESSIE

Miam ! Merci, maman. Mmm, j'adore les saucisses ! J'ai un vrai appétit d'ogre. C'est peut-être parce que je fais beaucoup de gym et de sport. On me demande souvent d'arrêter de m'agiter et de rester tranquille !
Sur le canapé, vous pouvez voir un de mes autres frères, Jake, qui a onze ans.

La caméra pivote vers le garçon. Il joue à la console.

JESSIE

À quoi tu joues, Jake ? À Minecraft ? JAKE ! Allô, Jake, ici la Terre !

JAKE

À Super Mario Kart. Tu veux jouer ?

JESSIE

Oui ! Je vais t'écrabouiller !

(Elle retourne la caméra vers elle.)

Je suis une pro des jeux vidéo. Depuis toute petite, je passe des heures à jouer avec mes frères. Léon, mon troisième frère, a seize ans. Il traîne encore au lit. Quand je suis devant une console, au moins je ne suis pas en train de remuer !

JAKE

Prête à te faire massacrer ?

JESSIE

(Elle salue la caméra.)

Je vais devoir couper… salut ! Cliquez sur « J'aime » si vous avez apprécié la vidéo et dites-moi quel est votre jeu préféré dans les commentaires. À bientôt !

FIN DE LA VIDÉO.

Vues : 432
Abonnés : 523
Commentaires :
FarceEinsteinCharlie : GTA pour la vie !
Lucylou : Ta nouvelle chambre est top ! ++ pour ta couette zèbre !
CarlyGrandEcart : Et si tu faisais un challenge gym un de ces quatre ?
Gameuse2000 : J'adore les Sims… je viens juste d'avoir le pack animaux.
JakeLeChampion : Minecraft, Minecraft, Minecraft !
HashtagHermione : Super montage, Jess. Bisous.

(Faire défiler vers le bas pour voir 74 commentaires supplémentaires)

Chapitre 8

— Et... c'est fini ! s'écria madame Kusama en applaudissant avec enthousiasme. Bravo à tous. C'est pratiquement dans la poche. Vous pouvez être fiers de vous. On fait une pause, nous répéterons ensuite à nouveau la dernière scène.

Ce samedi matin, la troupe de *Grease* faisait sa première répétition générale. Et le résultat était plutôt satisfaisant. Après son horrible semaine, Abby avait vécu la répétition comme une bouffée d'oxygène. En plus, elle n'avait oublié ni son texte, ni ses pas de danse. Elle avait même hâte de s'y remettre ! Sur scène, elle se sentait encore mieux que lorsqu'elle vloguait. Et – à moins que son imagination ne lui joue des tours – il lui semblait que ses cheveux étaient beaucoup moins violets, après plusieurs lavages. Un blond aux reflets violets, ce n'était pas si mal.

— Dakota, ma puce, tu peux venir ? appela Maxine tandis que les membres de la troupe se dispersaient. Mon téléphone n'a plus de batterie, je peux t'emprunter ton chargeur ?

Dakota rappliqua aussitôt.

— Bien sûr, Max' ! Oh, je ne crois pas que mon chargeur fonctionne avec le tien.

— Tu peux me trouver le bon modèle ? Je suis stressée, je dois réfléchir aux remarques de madame Kusama avant la reprise, ajouta Maxine en s'éventant le visage. J'ai encore du mal avec la réplique finale de Sandy. Et j'ai surtout besoin d'appeler mon copain et de me connecter à Twitter.

— N'en dis pas plus, Max. Je m'en occupe ! s'exclama Dakota, ravie.

En la voyant filer pour obéir aux requêtes de son idole, Abby et Lucy ne purent retenir un rire moqueur.

— Tout à l'heure, elle l'a envoyé chercher un Coca light parce que le Coca zéro n'était pas assez bon, s'esclaffa Abby. Maxine est autoritaire, c'est insupportable, on dirait une vraie Dakota puissance dix !

— C'est pour ça que Dakota l'adore ! pouffa Lucy. Au fait, Abby, tu t'en es très bi-bien sortie aujourd'hui. Je t'ai regardée répéter le *hand jive*. C'est toi la meilleure !

— En plus, ses cheveux sont *à peine* violets maintenant, les interrompit Charlie.

Il venait de descendre de la régie lumière. Les bras écartés, il contemplait Abby avec un regard critique, comme un artiste jaugeant sa peinture.

— Maintenant que nous ne sommes plus aveuglés par le violet, nous pouvons nous focaliser sur les autres facettes de sa performance.

— Waouh, Charlie, j'avais complètement oublié que tu étais là-haut ! s'étonna Abby. Tu as assisté à toute la répétition ?

Charlie croisa les bras et feignit l'indifférence.

— Non mais qu'est-ce que tu crois ? Je suis là pour bosser ! Content que tu aies remarqué mes talents aux lumières...

Abby éclata de rire.

— Pauvre Charlie ! Désolée, j'étais concentrée sur mon texte.

Elle lui fit un léger signe du menton.

— Alors, tu es toujours partant pour notre petit… « projet » demain ?

Lucy écarquilla les yeux.

— Votre quoi ?

Abby plaqua sa main sur la bouche de Charlie, l'empêchant de répondre.

— Chut ! C'est une surprise !

Pour retrouver l'usage de la parole, Charlie posa sa main sur celle d'Abby. Abby se sentit toute chose d'un coup, elle aurait aimé figer cet instant. Surprise, elle repoussa la main de Charlie d'un geste brusque. *Elle rêvait ou il avait rougi ?*

— Tu peux compter sur moi, répondit-il en souriant. N'oublie pas, on commence à l'aube ! Bon, je retourne côté projos ! Le travail des techniciens est sans fin ! À plus tard, mesdemoiselles !

— C'était… mystérieux, dit Lucy en regardant Charlie s'éloigner. Mais tu vas bien me donner un petit indice ?

— Non ! répondit Abby avec un grand sourire. Tu le sauras bien assez tôt !

— S'il te plaît, insista Abby. Dis-le-moi !

— Pas question ! répliqua Abby. Tu n'as qu'à patienter. Oh ! Ben est là ! Je me demandais où il était passé. Je vais aller lui faire coucou.

11 : 32

Lucy : Argh ! Je n'ai pas osé parler de D & B, à la répétition. Je ne voulais pas gâcher sa bonne humeur. Et... peut-être qu'on se trompe ? Toujours rien de concret ? Pas de bisous ???

11 : 35

Jessie : Exact. Mais je sens mal cette histoire.

11 : 36

Hermione : Moi aussi. Je révise avec Abby tout à l'heure. Je ne lui en parlerai pas.

Abby arriva chez Hermione dans tous ses états. Elle avait à peine eu le temps d'échanger quelques mots avec Ben pendant la répétition. Puis, quand elle avait allumé son téléphone, chez elle, elle n'avait toujours aucun SMS de sa part. Grosse déception ! En plus, comme sa mère lui avait repris aussitôt, elle devrait attendre le lendemain pour relever ses messages. La poisse !

— Abby ! Entre ! s'exclama Hermione en lui ouvrant la porte d'entrée.

Elle portait son tee-shirt jaune préféré et un jean. Mais elle était pâlotte. Et avait l'air abattue. Abby le remarqua immédiatement.

— Merci ! Ça va ? lui demanda-t-elle.

Court silence.

— Ça va. Tu veux du thé ?

— Avec plaisir !

Abby adorait le thé au jasmin d'Hermione. Il sentait merveilleusement bon et réussissait toujours à la rendre plus zen.

— Je m'en occupe, va t'installer dans ma chambre, proposa Hermione. Mes parents ne sont pas là.

Abby entra dans la pièce et déposa un cadeau sur le bureau d'Hermione. Puis, elle s'affala sur un pouf géant. Elle regarda autour d'elle, submergée par la quantité de livres qui recouvraient deux des murs. C'est fou, elle avait l'impression qu'il y en avait encore plus que lors de sa dernière visite. Elle serait bien incapable d'en lire autant de toute sa vie, même si elle ne décidait d'y consacrer tout son temps !

— Madame est servie ! dit Hermione en apportant un plateau de thé et des biscuits. Oh, qu'est-ce que c'est ?

Elle se dépêcha de poser le plateau, attirée par le carnet Harry Potter qu'Abby avait appuyé contre la lampe de son bureau.

— Trop bien ! C'est pour moi ?

— Non, c'est à moi, répondit Abby. Tu sais à quel point j'adore les jeunes sorciers. Et la papeterie.

Hermione déstabilisée parut un peu gênée.

— Excuse-moi, j'ai cru que... mais il est super, ce carnet ! Tu as vu qu'il tenait son Nimbus 2001 ?

Abby éclata de rire. *J'ai les copines les plus adorables du monde !* songea-t-elle.

— Non, je n'avais pas vu. Mais bien sûr que c'est pour toi ! Je te faisais marcher !

Un sourire illumina le visage d'Hermione.

— Merci ! Je l'adore.

— C'est pour te remercier de ton aide, ajouta Abby. Et... euh... pour m'excuser d'avoir copié sur toi en SVT.

Elle désigna le carnet.

— Harry va me jeter un sort pour que ça ne se reproduise plus jamais.

— Bonne idée ! Ça me fait plaisir de t'aider.

Hermione caressa la couverture du carnet en s'installant sur un autre pouf.

— C'est vraiment le cadeau parfait. On n'a jamais trop de carnets.

— C'est fou ce que tu adores la papeterie, remarqua Abby en buvant une gorgée de thé. Presque autant que j'aime le maquillage.

— C'est super important ! répondit Hermione en plongeant ses yeux dans ceux de son amie. Si je n'ai pas mes livres, mes stylos et mes surligneurs prêts à chaque rentrée, je sais que je vais passer un mauvais trimestre. Et probablement avoir de sales notes.

Abby leva les yeux au ciel.

— Genre ! Ça n'arrivera jamais, tu réussis tous les devoirs.

Elle poussa un soupir puis reprit :

— Et tu n'as pas été virée du collège. Crois-moi, je suis en train de tout rater et je ne crois pas que la papeterie, avec ou sans Harry Potter, puisse m'aider.

Abby pensait qu'Hermione ne pourrait jamais se rendre compte de tous les efforts qu'elle devait fournir.

— Écoute, Abby, tu n'as pas besoin d'en faire des tonnes, répondit Hermione. On t'a diagnostiqué un TDAH, tu dois travailler encore plus dur – ce que je vais t'aider à faire – et c'est tout. Ce n'est pas la fin du monde.

Elle posa son thé et lui fit un sourire étrange.

— Un biscuit ? J'ai essayé une nouvelle recette.

— C'est tellement la honte, pesta Abby, ignorant l'offre de son amie. Non seulement les profs pensent que je suis débile, mais Kayleigh Jenkins s'amuse à m'humilier en public.

— Ce doit être très dur à vivre. Mais ne t'inquiète pas de ce que pensent les autres.

Hermione lui tendit un biscuit.

— Fais profil bas et donne-toi à fond dans les études.

— Facile à dire, grommela Abby.

Elle accepta finalement le biscuit qu'elle croqua à pleines dents.

— Personne ne te critique jamais, reprit-elle. Tes résultats sont parfaits, les profs t'adorent, tu es une championne en pâtisserie.

Elle s'interrompit et tendit le biscuit en guise de preuve.

— Ils sont super bons au fait… C'est vrai, tu es la plus grande lectrice que je connaisse, tu vas avoir une mention à ton brevet… En gros, ça roule pour toi.

Abby remarqua soudain le silence de son amie. Hermione gardait les yeux rivés au sol.

— Hé ! C'est que du positif !

— Ma vie n'est pas si parfaite, répondit Hermione en tripotant un fil qui dépassait de son jean. Tu as vu le vlog de Jessie ?

— Oui, il était génial, hein ? s'exclama Abby en se remémorant l'énergie folle de Jessie. Elle s'est très bien débrouillée toute seule. Je parie qu'elle va nous faire gagner plein d'abonnés.

Elle prit un autre biscuit. Hermione hocha la tête.

— Ouais c'était super. Elle avait l'air de vraiment s'amuser avec sa famille et…

Elle déglutit.

— Ce n'est pas comme ça chez moi.

Abby la dévisagea.

— Parce que tu es fille unique ? Mais tu as plein de cousins, non ? En plus, quand tu as une grande famille, ça ne se passe pas tous les jours comme ça. Regarde ce qu'un frère peut faire à sa sœur ! C'est vrai, qui aurait l'idée de…

Abby attrapa une mèche de ses cheveux aux reflets toujours violets, mais s'interrompit en voyant les épaules d'Hermione qui tremblaient.

Oh non, pensa-t-elle, *il s'est passé quelque chose de grave ?*

— Herm', que se passe-t-il ? demanda-t-elle d'une voix douce. Tu peux tout me dire.

Hermione essuya ses larmes. Elle leva les yeux vers Abby.

— Je m'en fiche de ne pas avoir de frères et de sœurs. On a toujours été bien tous les trois. Mais maintenant... mes parents se séparent.

Abby ne put s'empêcher de pousser un cri de surprise.

— Tu veux dire « officiellement » ? Tu es sûre ? Peut-être qu'ils font une pause ?

Les parents d'Hermione avaient toujours semblé si polis l'un avec l'autre qu'elle n'arrivait pas à les imaginer en train de se disputer.

— Non, c'est pour de bon, souffla Hermione. En fait, ils sont en train de divorcer. Ils me l'ont annoncé hier. Je n'ai rien vu venir. C'est le problème quand on passe son temps le nez plongé dans des bouquins.

Elle regarda le carnet Harry Potter.

— Ne le prends pas mal, Harry, ajouta-t-elle.

— Mais pourquoi ? demanda Abby, choquée, en posant son biscuit. Il s'est passé un truc ?

Hermione haussa les épaules.

— Apparemment, ils se sont « éloignés », dit-elle, en mimant avec les doigts les guillemets les plus tristes qu'Abby n'ait jamais vus. En y réfléchissant bien, j'avais senti quelques signes. Pas de disputes, mais papa rentrait souvent très tard du bureau, ajouta-t-elle en reniflant. Et maman était un peu éteinte, ces derniers temps. Ils disent que c'est pour notre bien. Pour eux, peut-être. Mais ma vie va être un cauchemar.

Abby s'approcha d'Hermione pour la serrer dans ses bras. Mais elles basculèrent et terminèrent par terre dans un fou rire.

— Je comprends tout à fait, dit enfin Abby. C'est un sentiment horrible. Je n'avais que sept ans à la séparation de mes parents. Mais je m'en souviens comme si c'était hier. Tout s'est effondré quand ils m'ont annoncé que mon père allait partir pour de bon. Je rentrais de l'anniversaire d'un copain, avec un magnifique cupcake rose à paillettes. Je n'ai même pas eu le cœur de le manger.

— C'est triste, soupira Hermione en remplissant de thé les tasses. Gâcher un gâteau… Moi, au contraire, je n'arrête pas de me goinfrer. Toute la matinée, j'ai eu l'impression d'être un colibri tout fou, à la recherche de sa dose de sucre.

Abby sourit.

— Je te comprends. C'est vraiment dur, mais tu finiras par surmonter cette épreuve.

— J'ai du mal à m'en convaincre, dit Hermione d'un air morose. J'ai l'impression que ma vie est fichue. Je ne voulais le dire à personne, mais vu que je n'arrive même pas à faire semblant d'être heureuse...

— Mais je suis là pour toi ! intervint Abby. Et comme tu me l'as conseillé : ne te préoccupe pas de ce que pensent les autres.

Elle imita un médecin en train de rédiger une ordonnance.

— Voici la prescription du Docteur Abby : autorise-toi à passer du rire aux larmes, même si tu changes d'humeur cent fois par jour, relis TOUS les Harry Potter ET regarde tous les films, cuisine encore plus de biscuits et... n'essaie surtout pas de jouer les héroïnes, c'est compris ?

Pauvre Hermione ! Abby culpabilisait de s'être montrée si égoïste. Elle n'était pas la seule à avoir des problèmes...

Hermione fit un effort pour sourire.

— Merci, Abby. Tu sais, je pense que tu m'aides plus que je ne le fais, dit-elle, d'un ton soudain sérieux. Bon, on a été SUPER bavardes, c'est le moment d'enfiler ma casquette de prof.

Elle se leva et frappa le bureau avec une règle.

— La professeure Hermione t'annonce qu'il est temps de se mettre aux révisions !

De : LaVraieRedVelvet100@gmail.com
À : Incroyable_Abby@le-monde-d-abby.com

Hello Abby,
Désolée d'avoir mis si longtemps à te répondre ! En ce moment, je mène une vie trépidante, entre la sortie de mon nouveau livre et les vlogs de Noël à préparer ! Mais je tenais à prendre de tes nouvelles et à te faire un petit coucou. Il me semble que tu as traversé des périodes difficiles au collège ? J'espère que ça s'est arrangé – tu as l'air d'être une fille SUPER.
Je devrais passer pas loin de chez toi dans deux semaines. On pourrait se voir et tourner ensemble un vlog pour la chaîne de « Ma vie en vlog ». Si ça te dit, bien sûr !
Je t'embrasse,
Tiff

De : Incroyable_Abby@le-monde-d-abby.com
À : LaVraieRedVelvet100@gmail.com

OH MON DIEUUU, trop bien ! Bien sûr que ça me dit ! Dis-moi quand ! xxx

VLOG 8

LA GUERRE DES FARCES :
LA VENGEANCE D'INCROYABLE ABBY

8 : 45

DÉBUT DE LA VIDÉO : CUISINE D'ABBY – TÔT LE MATIN

Abby et Charlie sont devant l'évier.

ABBY
(en aparté)

Bonjour, Charlie. Tu as bien dormi ? Question plus importante : est-ce que Josh dort toujours ?

CHARLIE
Il ronfle ! J'ai à peine fermé l'œil de la nuit. Mais je suis quand même venu t'aider… à te venger !

Abby pose sa main sur la bouche de Charlie.

ABBY
Moins fort ! Tu vas le réveiller !

(à la caméra)

Salut tout le monde ! C'est super d'être de retour sur la chaîne. J'ai dû faire une petite pause, il se passait beaucoup trop de choses ma vie, j'avais pris un peu de retard au niveau scolaire. Mais me revoilà ! Vous m'avez vraiment manqué ! Aujourd'hui, c'est un grand jour. Mon ami Charlie – que vous connaissez si vous suivez la super chaîne « FarceEinstein » – va m'aider à me venger de mon frère Josh, qui n'a rien trouvé de mieux à faire que de me teindre les cheveux en violet. Bon, ça commence à s'estomper maintenant, mais sur le coup… Vous avez vu la vidéo ! J'étais furax !

CHARLIE
L'heure de la revanche a sonné ! Mouah ah ah !

Abby donne une tape amicale à Charlie.

ABBY
Silence ! Il est donc cinq heures du matin et Josh est toujours endormi dans sa chambre, en haut, au bout du couloir.

CHARLIE

Allez c'est parti, nous allons mettre en place un piège hors du commun ! Ça fait bien longtemps que j'ai envie de l'essayer, celui-là. On a envisagé plusieurs options… Remplir sa chambre de ballons, nous cacher dessous et lui sauter dessus pour l'effrayer… mais ça demande beaucoup de temps…

ABBY

Et beaucoup de ballons ! Sans compter qu'il faut les gonfler – trop de boulot. On a aussi pensé à faire quelque chose de vraiment dégoûtant : barbouiller la lunette des toilettes avec du chutney ou de la sauce barbecue, pour lui faire croire que c'était plein de caca… mais je n'avais pas super envie de faire le ménage après.

CHARLIE

Alors à la place…

(Il chuchote.)

On va piéger Josh en plaçant des gobelets en plastique remplis d'eau devant la porte de sa chambre. Comme ça, il ne pourra pas sortir sans les ramasser ou les renverser ! Suivez-nous !

ABBY

J'ai plus de cinq cent gobelets ici. Une fois qu'on les aura déposés devant la porte, on les remplira tous d'eau.

Charlie filme Abby en train de monter vers le couloir qui mène à la chambre de Josh. Elle porte une carafe et les gobelets – ils les disposent les uns contre les autres, partout sur le sol.

FONDU AU NOIR.

LA VIDÉO REPREND : COULOIR – DEVANT LA CHAMBRE DE JOSH

SOUS-TITRE : 20 MINUTES PLUS TARD

Plan panoramique sur le couloir. Il est recouvert de gobelets remplis d'eau sur environ trois mètres.

ABBY

(Elle est derrière la caméra.)

Et voilà ! Pas facile, je devais sans arrêt aller remplir la carafe !

CHARLIE

Mais le plus difficile, c'était de rester silencieux… et de se retenir de rire ! Bref, je pense qu'on est prêts…

ABBY

J'ai hâte de voir sa tête quand il ouvrira la porte !

CHARLIE

(Il hurle.)

Josh, mon pote ! Tu dois te lever !

ABBY

Debout, Debout ! Le p'tit déj' est prêt. J'ai fait des pancakes.

JOSH

(depuis la chambre)

Quoi ? C'est déjà l'heure de se lever ? J'ai l'impression qu'il est hyper tôt…

CHARLIE

Allez, mon pote ! On a plein de trucs à faire aujourd'hui.

JOSH

Ok, j'arrive…

Josh ouvre la porte de sa chambre, en boxer et tee-shirt. Il se tient devant l'embrasure de la porte, face à lui, la mer de gobelets. La centaine de gobelets. Estomaqué, il reste bouche bée.

JOSH

Mais c'est quoi ce délire ?

ABBY

Ah ah ! Je t'ai eu ! C'est la monnaie de ta pièce pour mes cheveux… Bonne chance pour sortir de là.

CHARLIE

(Il rigole.)

T'es coincé, là, non ?

(à Abby)

Regarde la tête qu'il fait !

JOSH

Ce n'est PAS DRÔLE ! J'ai super envie de pisser ! Comment je fais maintenant pour aller aux toilettes ? Quoi ??? Tu filmes, là ?

ABBY

Eh oui, mauvaise nouvelle pour toi ! Et ne va pas renverser de l'eau sur le nouveau tapis de maman… elle risquerait d'en faire une crise cardiaque.

Josh sautille. Il essaie de trouver où poser son pied, en vain.

JOSH

Je suis censé ramasser tous les gobelets ? ARF ! Charlie, espèce de petit… Ne me dis pas que tu l'as aidée ? Et la loyauté dans tout ça ?

CHARLIE

(Il se plie de rire.)

Désolé mec, c'est trop drôle !

Josh referme la porte de sa chambre.

FONDU AU NOIR.

LA VIDÉO REPREND : COULOIR – DEVANT LA CHAMBRE DE JOSH

SOUS-TITRE : 10 MINUTES PLUS TARD

Josh ouvre à nouveau sa porte.

JOSH
Oh non ! J'espérais avoir fait un cauchemar… Je dois vraiment aller aux toilettes…

(Il croise les jambes et sautille sur place.)

ABBY
Désolée, mon petit Josh ! Tu aurais dû réfléchir avant de me jouer un tour ! Bon, dépêche-toi. Ton p'tit déj' va refroidir.

CHARLIE
(Il est derrière la caméra.)

Allez, bouge-toi ! On a plein de vidéos à tourner pour « FarceEinstein » aujourd'hui…

JOSH
Grrr ! Je vous déteste tous les deux !

Josh s'allonge par terre. Il essaie de pousser les gobelets sur le côté pour se frayer un chemin.

CHARLIE
Moi, je vais goûter les pancakes. Ça te dit, Abby ? On revient dans dix minutes pour voir où tu en es…

***NOUVEAU PLAN** : CUISINE D'ABBY*

ABBY

C'était génial ! Tu as vu sa tête ? Mon moment préféré ? Quand il s'est mis à sautiller sur place… trop drôle ! J'espère qu'il arrivera à se retenir quand même.

CHARLIE

Chère complice, c'était parfait !

ABBY

Merci beaucoup pour ton aide !

(Elle lui fait un bisou sur la joue.)

Je n'aurais jamais pu le faire sans toi.

« Penses-tu » eut l'air de dire Charlie.

CHARLIE

Y'a pas de quoi ! Bon, et ces pancakes ?

ABBY

Ils arrivent ! Vous qui nous regardez, on espère que cette vidéo vous a plu. Si oui, n'oubliez pas de nous soutenir en cliquant sur « J'aime » ! Si vous avez des idées de farces à nous proposer, pour une prochaine fois, suggérez-les-nous en commentaires ! Voilà ! Je posterai un lien de la chaîne de « FarceEinstein » où vous pourrez retrouver Charlie. Bye !

Charlie et Abby saluent la caméra.

FIN DE LA VIDÉO.

Vues : 529
Abonnés : 623
Commentaires :
RedVelvet : Ah ah ! C'est super de te revoir, Abby ❤
Incroyable_Abby_xxx : J'ai l'autorisation de revenir à petites doses, bises.
Lucylou : LOL
Jazzyjessie : Vous faites une super équipe tous les deux ! #CHABBYPOURLAVIE
Reine_Dakota : Je te croyais morte et enterrée… Le spécialiste qui te suit pour tes difficultés d'apprentissage accepte de te laisser retourner sur le web ?
Billythekid : Vous êtes fous !
FarceEinsteinJosh : Je me vengerai !
LaTraqueuse : J'aurais aimé ramasser tous ces gobelets pour toi, Joshie. Bisous.

(Faire défiler vers le bas pour voir 45 commentaires supplémentaires)

Chapitre 9

— Il a fini par renverser de l'eau partout. Je n'ai jamais autant ri, expliqua Abby, encore sous le coup de l'excitation.

Le mercredi suivant, au déjeuner, Abby racontait aux filles les suites de sa vengeance. Josh avait perdu patience et tapé dans tous les gobelets, ce qui avait pour ainsi dire ruiné la nouvelle moquette. Et Abby s'était fait gronder par sa mère...

Mais ça valait vraiment le coup, songea-t-elle en souriant.

— C'était trop drôle ! Il n'a eu que ce qu'il méritait, s'exclama Jessie. Il t'avait carrément provoquée !

Elle pointa sa fourchette en direction de Lucy et Abby.

— En parlant de provocation, je n'arrive pas à croire que vous n'ayez pas cours cet après-midi. Moi aussi j'aimerais zapper le cours de maths renforcé.

Tout sourire, Abby enroulait énergiquement des spaghettis autour de sa fourchette.

— Ce n'est pas comme si on allait faire du shopping, Jess ! C'est la répétition en costumes !

Il ne restait plus que trois petits jours avant la première représentation. Toute la troupe de *Grease* ne pensait plus qu'à ça. La mère d'Abby et ses professeurs avaient compris qu'elle devait focaliser toute son attention sur sa performance. Du coup, ils la laissaient tranquille avec les cours.

— Aujourd'hui, c'est notre dernière chance que tout soit parfait, ajouta nerveusement Lucy. C'est bien plus stressant qu'un cours de maths !

— En tout cas, moi, si j'avais le choix entre les maths et votre répétition, je n'aurais aucune hésitation ! intervint Hermione. À chaque fois que vous parlez du spectacle, je suis soulagée de ne pas avoir été choisie. Dire que j'ai passé l'audition !

Abby lui sourit.

— Tu l'as fait pour nous, et c'était trop gentil ! Mais tu vas assister à la première, pas vrai ? Peut-être qu'on arrivera à te faire entrer à la fête qui suivra le spectacle – si je ne suis pas trop occupée avec Ben, évidemment.

Abby remarqua les regards que ses amies s'échangèrent.

— Quoi ? demanda-t-elle.

— Ri-Rien, répondit Lucy à la hâte.

— Bien sûr que je viendrai, répondit Hermione. Mais je ne suis pas certaine que mes parents pourront me déposer. J'aurai peut-être besoin qu'on me conduise.

Hermione avait fait jurer à Abby de garder le secret sur le divorce, ce qu'elle comprenait totalement. Après tout ce qui s'était passé dernièrement, elle pouvait bien lui rendre ce service.

— On n'a qu'à y aller ensemble ! proposa Jessie. Je demanderai à ma mère de nous déposer. Et on choisira des places dans les premiers rangs.

— Vous me faites stresser ! s'écria Lucy en reposant sa fourchette. Comment je vais faire s-si mon bégaiement refait des siennes juste quand je suis sur scène ?

— Tu prendras une grande respiration et tu continueras normalement, répondit Abby en terminant son assiette de spaghetti. Tout va bien se passer.

Elle vit alors Dakota et Maxine quitter la cantine. Dakota s'arrêta devant le distributeur de boissons pour acheter un Coca Light à son idole. *C'est drôle,* songea Abby, *dans* Grease, *Betty Rizzo est celle qui enquiquine toujours Sandy, mais dans la vie, leurs rôles sont inversés.*

— Bon, tu viens, Lucy ! s'exclama-t-elle en revenant à la réalité. Il ne faut pas traîner. J'ai hâte d'essayer mon costume ! Enfin !

Dans les coulisses, les essayages de costumes touchaient à leur fin.

— Trop bizarre, ricana Dakota en regardant Abby de la tête aux pieds.

Avec sa perruque brune, sa chemise cintrée noire et sa jupe droite, Dakota paraissait plus âgée, plus jolie et plus sophistiquée que jamais.

Abby leva les yeux au ciel.

— Boucle-la, Dakota.

Elle serra les dents, tira à nouveau sur la fermeture éclair, mais il n'y avait décidément rien à faire. *Ce n'est pas possible,* bouillait-elle intérieurement. Malgré ses efforts, la braguette de son pantalon cigarette restait grande ouverte.

Ce n'est pas le mien, c'est la mauvaise taille, se dit-elle.

Madame Kusama approcha, les blousons des T-Birds à la main.

— C'est bien ton pantalon, Abby. Dakota m'a communiqué tes mensurations la semaine dernière, après que Billie t'a mesurée. On avait commandé les autres plus tôt, le tien a été rajouté à la dernière minute.

— Eh bien, Billie a dû se tromper quelque part, répondit Abby, irritée. Et elle ne peut rien y changer, maintenant.

Billie, la terminale qui avait cousu les costumes, était malade aujourd'hui.

Génial.

— Alors, on a quelques kilos en trop ? pouffa Ameeka, qui étincelait dans son blouson de satin de Pink Lady. Dakota, Maxine t'appelle, ma chérie.

— Comme si j'avais pu prendre autant de poids en à peine une semaine, grommela Abby en les regardant s'éloigner. Elles sont vraiment graves. Ho ho, minute !

madame Kusama a bien dit que c'était *Dakota* qui lui avait donné mes mesures... J'y crois pas !

Lucy arriva, vêtue d'un blouson de Pink Lady et coiffée d'une perruque rousse. Abby lui sourit malgré la situation.

— Waouh ! Tu es magnifique, Lucy !

— Me-merci ! Je suis le seul personnage à avoir deux perruques ! dit-elle en montrant celle, rose bonbon, pour la scène dans laquelle Frenchy teint par erreur ses cheveux de la mauvaise couleur. Et toi, comment te va ton... – oh !

Lucy venait de remarquer le problème de pantalon de son amie. Au même moment, madame Kusama fit irruption armée d'épingles de nourrice.

— Vous avez besoin d'aide ? demanda Lucy.

La professeure, en sueur, lui lança un regard reconnaissant.

— Tu veux bien t'occuper de ça ? Je pense que trois épingles devraient faire l'affaire, pour le moment. Ne t'inquiète pas, Abby, on trouvera une meilleure solution d'ici vendredi.

Ne t'inquiète pas ! Oh, mais voyons pourquoi est-ce que je m'inquiéterais ? ironisa intérieurement Abby.

Lucy l'attira vers un coin calme de la pièce.

— Je vais essayer de faire comme si tu ne braquais pas de trucs pointus sur mon entrejambe ! souffla Abby. C'est vraiment la honte ! Et mon petit doigt me dit que Dakota n'y est pas pour rien... À tous les coups, elle veut me ridiculiser devant Ben ! Comme si je n'étais pas assez moche avec ces couettes ?

— Hum-hum, répondit Lucy, la bouche pleine d'épingles.

Abby poussa un soupir, les yeux rivés sur la porte.

— Tu peux te dépêcher ? Ce serait le pompon que Ben arrive maintenant ! Tu me diras, ça ne changerait pas grand-chose. Il finira bien par me voir avec ce pantalon.

Elle se demandait si RedVelvet s'était déjà trouvée dans ce genre de situation.

Une heure plus tard, au moment de la scène du concours de danse, Abby s'était calmée. Elle se laissa emporter par la musique. Hors d'haleine, Éric et elle gardaient le sourire tout en essayant de suivre le tempo. Elle jeta un regard à Ben, qui rougit.

Je n'oserai jamais lui avouer comme je le trouve craquant avec ses cheveux gominés en arrière et son...

CRAAAAATCH ! Un bruit la tira de ses rêveries. Abby regarda autour d'elle, confuse. Éric aussi avait entendu. Il interrogea Abby des yeux. Le garçon qui dansait derrière elle poussa un cri de surprise. Comprenant ce qui venait de se passer, elle se figea. *NONNNNNN !* Son pantalon s'était déchiré. Au niveau de la couture des fesses !

Tout en essayant de se souvenir quelle culotte elle portait, elle tirait sa chemise le plus bas possible. La catastrophe ! Pour ne pas interrompre la répétition, madame Kusama fit signe à Abby de regagner les coulisses. Abby s'y précipita, les joues en feu et jeta un coup d'œil vers la régie lumière. Charlie avait-il tout vu ? Et Ben ? Elle ne trouva pas le courage de regarder dans sa direction. Elle se réfugia dans l'ombre et entendit Lucy bégayer sur son texte. Oh non ! Rien ne se déroulait comme prévu...

VLOG 9

LES CONSEILS DE LUCY ET ABBY POUR SURVIVRE À UNE MAUVAISE JOURNÉE

8 : 25

DÉBUT DE LA VIDÉO : CHAMBRE D'ABBY – FIN D'APRÈS-MIDI

Lucy porte un pyjama à imprimé pattes de chat. Celui d'Abby est rose fluo. Elles sont sur le lit avec Mouflet. La pièce est éclairée par la lumière de nombreuses bougies.

LUCY

Je pense qu'on va se contenter d'improviser et de voir ce qui se passe… Ça peut être vraiment bien.

ABBY
(Elle rigole.)

OK, chef. Si tu le dis !

LUCY et ABBY
(Elles regardent la caméra.)

Salut, tout le monde !

ABBY
Aujourd'hui, Lucy et moi, on va essayer quelque chose de différent. On a toutes les deux passé une journée difficile et ça nous a donné une idée… On s'est dit qu'on allait vous donner des astuces pour combattre la mauvaise humeur. Aujourd'hui, je lutte pour garder le sourire, mais ce vlog m'aide déjà. Tout comme mon pyjama préféré.

LUCY
Ça arrive à tout le monde d'être de mauvaise humeur. Suite à une dispute avec sa mère ou sa meilleure amie, quand on a raté une interro… ou simplement quand on se lève du pied gauche…

ABBY
Exact. Moi d'habitude, je suis plutôt positive et de bonne humeur. Mais quand les soucis s'accumulent, je n'arrive

plus à gérer mes émotions. J'ai envie de hurler ou de pleurer. Comme aujourd'hui. Je ne rentrerai pas dans les détails, mais après cette journée, je n'ai qu'une seule envie : me cacher sous ma couette avec Mouflet. Lui, au moins, il m'aime quoi qu'il arrive.

(Abby prend Mouflet dans ses bras.)

Pas vrai, mon Mouflet chéri ?

LUCY

Hé ! Moi aussi je t'aime !

(Elle rigole.)

Mais ce n'est pas en te cachant sous la couette que tu feras une super vidéo ! Je comprends ce que tu ressens… c'est pareil pour moi.

(Elle s'adresse à la caméra.)

Et je suis sûre que vous êtes tous passés par là. La première chose à faire, c'est de relativiser. Quand on a eu une mauvaise journée, il ne s'agit que d'un jour. Avec un peu de chance, tout s'arrange dès le lendemain !

ABBY

Je me sens si mal que je n'arrive pas à y croire.

LUCY

Ma mère dit toujours que le plus important, c'est de ne plus y penser. De se libérer de ses émotions négatives... « Libérée, délivrée », comme le dit la chanson préférée de ma petite sœur, Maggie. Vous devez aller de l'avant, et la meilleure façon de le faire, c'est d'écrire une liste des choses qui vous permettent de vous sentir mieux.

ABBY

Par exemple, s'offrir des petits plaisirs ! Le chocolat me remonte toujours le moral !

LUCY

Tout à fait ! Et cu-cuisiner, pourquoi pas ? Des brownies ou des cookies pour les partager avec ses amis, c'est une bonne idée, aussi ! Quoi de plus zen que la pâtisserie ? Tiens, la gentillesse aussi permet de se sentir mieux, c'est prouvé ! Tu vois autre chose, Abby ?

ABBY

Oui ! Un bon bain chaud, avec plein de mousse et des bougies ! Ça me remonte toujours le moral ! En écoutant mes chansons préférées, bien sûr !

LUCY

Oui, c'est parfait ! Moi, j'adore regarder des films tristes en grignotant un paquet de pop-corn. Ça n'a jamais tué personne de pleurer un bon coup. Sinon, quand on a le courage d'affronter le monde extérieur, il y a aussi plein de moyens de se remonter le moral en sortant de chez soi !

ABBY

(Un grand sourire illumine son visage.)

C'est vrai ! Personnellement, le shopping a le don de me redonner le sourire !

LUCY

Arrête, Abby !

ABBY

D'accord… Je me sens super bien après un long jogging… C'est sûrement cette histoire d'endorphines qui boostent la bonne humeur. C'est pareil quand on danse, qu'on saute partout, ou qu'on chante à fond sur de la musique. Mon truc, c'est la danse !

LUCY

Moi aussi. Et par-parfois, une simple promenade avec ses amis, une discussion débile autour d'un bon chocolat chaud peut vraiment suffire à faire le plus grand bien : c'est une manière de se rendre compte qu'on n'est pas seul.

ABBY

Voilà ce que je te propose : on s'habille, on emmène Mouflet se promener et après, on se pose autour d'un chocolat chaud et d'un brownie !

(Elle s'adresse à la caméra.)

Les amis, j'espère que cette vidéo n'était pas trop décousue… et que nos conseils vous aideront quand vous passerez une mauvaise journée. N'oubliez pas, exprimer ses émotions, ça soulage !

LUCY

Dites-nous si vous avez aimé cette vidéo : cliquez sur « J'aime » et donnez-nous en commentaires vos astuces pour combattre la mauvaise humeur !

Vues : 437
Abonnés : 704
Commentaires :
FilleTimide1 : Sortir prendre l'air m'aide TOUJOURS à me sentir mieux ☺.
xxarcencielxx : Vous avez oublié de parler de pizza ! 🍕
amoureuxdesanimaux101 : Si j'avais Mouflet à mes côtés, je ne serais jamais déprimé.
FanDeMaVieEnVlog : J'espère que vous retrouverez vite le moral ! Vous assurez xxx.

HasthagHermione : La pâtisserie est le meilleur des remèdes !
Reine_Dakota : Ça ne vous dirait pas, une promenade sur l'autoroute ?

(Faire défiler vers le bas pour voir 42 commentaires supplémentaires)

Chapitre 10

— Mais non, Abby, elle ne te *déteste* pas. Je ne vois vraiment pas pourquoi elle te détesterait ! dit madame Pinkerton en déposant sa fille sur le parking de l'école, tôt le jeudi matin.

La veille de la première représentation, madame Kusama avait programmé en urgence une répétition de dernière minute. À cause du mauvais coup de Dakota, Lucy, nerveuse, s'était mise à bégayer. La répétition en costumes avait alors tourné à la catastrophe et tout était à recommencer.

— Maman, tu ne m'écoutes pas, souffla Abby, à bout de nerfs. Dakota essaie toujours de saboter ce que je fais, comme si elle se sentait menacée. Ou alors, c'est simplement qu'elle est bizarre et n'a rien de mieux à faire. En tout cas, elle me rend dingue ! Je ne sais jamais à quoi m'attendre avec elle !

Sa mère la regarda avec compassion.

— Alors ne te laisse pas abattre, ma chérie. Ne la laisse pas te casser le moral. C'est ton moment de gloire !

Sa mère la déposa, et Abby se dirigea vers le bâtiment du théâtre. Exaspérée, épuisée, elle se doutait qu'elle ne devait pas avoir bonne mine. Elle avait passé la moitié de la nuit à travailler sur le montage du vlog qu'elle avait tourné avec Lucy. Une fois couchée, elle avait eu du mal à trouver le sommeil, inquiète du sort que Dakota lui réservait pour le lendemain.

Tu parles d'un moment de détente ! pensa-t-elle. *J'aurais besoin d'un bon bain moussant, comme hier !*

Abby essaya de suivre son propre conseil en positivant, mais dès qu'elle entra dans le théâtre, elle vit Dakota, l'air innocent, qui sirotait un café sur scène. Sa colère monta d'un cran. Elle poussa les autres membres de la troupe et l'attrapa par l'épaule.

— Alors, Dakota, qu'est-ce que tu me réserves, aujourd'hui ? la défia-t-elle.

Ben lui lança un regard surpris, mais Abby n'y prêta pas attention.

— Houlà ! On se calme ! dit Maxine en reculant d'un pas. Tu as failli me faire renverser mon café.

Abby l'ignora, continuant de fixer Dakota.

— Bonjour, Abby, l'interpella anxieusement Lucy, une boîte à la main. Viens goûter les muffins de ma mère. Triple choco, c'est un régal !

— Mauvaise idée, intervint Dakota. Avec toutes ces calories… on risquerait encore d'assister à une explosion de pantalon !

— T'abuses, Dakota, dit Ben, scandalisé.

Visiblement surprise, Dakota recula.

— Mais bien sûr, Benjamin. Je dis jusque que si l'Incroyable Abby n'était pas aussi goinfre et si Lucy Locklock n'avait pas oublié le mode d'emploi pour paparler hier, on aurait pu rester plus longtemps au lit ce matin.

Le silence envahit la pièce et les joues de Lucy virèrent au rouge. Abby retenait son souffle, elle sentait que son amie mourait d'envie de se défendre, mais la peur de bégayer la paralysait. Mais où était donc madame Kusama ?

— Enfin, d'après ce que je vois, le manque de sommeil fait plus de ravages chez certaines que sur moi... continua Dakota.

C'est vrai, comme toujours, elle a un teint frais. C'est exaspérant ! pensa Abby. *La culpabilité ne l'a pas empêchée de dormir, c'est sûr...*

— Abby, tu veux que je te prête mon anti-cernes ?

Cri de stupeur de toute l'assemblée. Ben secoua la tête de dépit tandis qu'Ameeka se força à rire. Mais elle avait l'air si mal à l'aise que son rire retomba aussitôt dans le silence.

Comment ose-t-elle ? fulmina Abby.

— Quoi ? demanda innocemment Dakota. Je constate c'est tout... Ces deux cruches ont fait foirer notre répétition. Et maintenant, elles se pointent avec une sale tête.

— Ouais, c'est ça ! cria Abby.

Elle donna un coup dans le café de Dakota avant de lui tirer les cheveux. Elle se sentait déjà mieux !

— Tu te crois drôle, mais toi et tes copines, vous n'avez fait que me créer des problèmes ! Vous m'avez communiqué la mauvaise heure de répétition et enfermée dans les toilettes. Vous avez saboté mon costume et MAINTENANT, tu oses me dire que je suis moche et t'en prendre à ma meilleure amie !?!

Rouge de colère, elle lui tira à nouveau les cheveux.

— Lâche-moi ! hurla Dakota en la repoussant. Ben, débarrasse-moi d'elle !

Il se contenta de hausser les épaules.

— Désolé, mais tu l'as cherché. Abby a raison, tu as tout fait pour lui pourrir la vie. Et franchement, je ne vois pas pourquoi.

Il s'éclaircit la gorge.

— C'est moche, ajouta-t-il.

Sous le choc, Dakota le dévisagea.

— Sérieusement ? Tu prends sa défense ? Aïe !

Abby venait de lui donner un coup de pied dans la jambe.

— Je vais avoir des bleus ! Espèce de garce !

— Ce n'est pas ton petit ami, tu te fais des idées, aboya Abby.

L'air choqué, Lucy ne la quittait pas des yeux. Abby allait trop loin, elle le savait, mais elle n'arrivait pas à s'arrêter.

— Du calme, les filles, dit Maxine, l'air blasé, en s'éloignant de l'agitation. Voilà ce qui arrive quand on fait participer des quatrièmes. J'avais prévenu madame Kusama que c'était une mauvaise idée...

— Max, ce n'est pas moi l'enfant, c'est ELLE, dit Dakota. DÉGAGE ! cria-t-elle ensuite à Abby en la poussant de l'autre côté de la scène.

L'atmosphère était tendue. Abby trébucha. Tout le monde attendait sa réaction. Elle se redressa lentement, en proie à une colère noire.

— Alors ? Tu vas me demander pardon ? lança-t-elle à Dakota.

— Abby, allons boire un thé, proposa Ben d'une voix posée, en passant son bras autour de son épaule.

Toujours furieuse, Abby le regarda.

— Ce n'est pas le moment, Ben, répondit-elle sèchement. Dakota, j'attends. Tu sais au moins ce que signifie le mot « désolée » ?

Dakota haussa les sourcils.

— Je n'ai pas à m'excuser, ma pauvre fille. Je *savais* que ta présence et celle de Lucy dans le spectacle serait un désastre, et j'en ai eu la preuve, répondit-elle sèchement en passant la main dans ses cheveux décoiffés. Ameeka, va me chercher ma brosse !

Sa brosse ? C'est une blague ? pensa Abby.

Ameeka se précipita vers l'énorme sac à main de Dakota, une contrefaçon d'un modèle de luxe.

— Tu serais perdue sans tes esclaves, hein, Dakota ? demanda Abby avec un rire amer. Dans quelques années, quand tu quitteras l'école pour entrer dans le monde réel, tu auras un choc : les adultes ne se comportent pas comme ça.

— Merci pour le conseil. Tu as appris ça dans tes cours pour attardés ? persifla Dakota. Je vais me préparer. Assure-toi de garder tes sales pattes loin de moi à l'avenir, ou tu le regretteras.

Quelques rires éclatèrent. Dakota marcha d'un pas lourd vers les coulisses, suivie de près par Ameeka.

— Waouh, Abby, s'exclama Éric, son partenaire de danse. Elle ne l'a pas vu venir, celle-là !

Abby esquissa un sourire hésitant.

— Elle ne t'a pas épargnée, ajouta-t-il, mais je n'avais jamais vu personne lui tenir tête.

— Si tu veux mon avis, le crêpage de chignons n'est pas le moyen le plus classe de gérer ça, renchérit Maxine d'un ton désapprobateur. Heureusement que madame Kusama n'était pas là. Elle vous aurait virées du spectacle ! Croise les doigts pour qu'elle ne l'apprenne pas.

Abby se figea en pensant aux conséquences de ses actes. Maxine avait raison, elle avait mis sa performance en péril. Pire, elle aurait pu se faire expulser du collège !

— Je com-comprends qu'Abby ait perdu son sang-froid, intervint Lucy. Je déteste les bagarres, mais Da-Dakota ne peut pas insulter les gens en toute impunité. Je suis déjà stre-stressée pour la première et elle en rajoute. Oh ! Salut tout le monde !

Charlie venait d'arriver avec l'ingénieur du son et l'accessoiriste. Il posa son sac par terre et balaya la pièce du regard.

— Salut ! Qu'est-ce qui se passe ? demanda-t-il. L'ambiance est… bizarre !

— Dakota donne dans le mélodrame, comme d'habitude, répondit Abby, qui avait tout à coup envie de changer de sujet. C'est fini maintenant, passons au spectacle.

Charlie remarqua ses joues rouges et son air agacé.

— Mais… ça va ? insista-t-il. J'ai vu ton vlog sur la mauvaise humeur, ce matin. Vous me paraissez encore bien stressées, les filles.

Lucy lui répondit :

— Dakota a été odieuse et Abby s'en est prise à elle. C'était chaud !

— Je vais bien, répondit Abby gaiement pour ne pas l'inquiéter.

Elle lui chipa sa casquette, la mit sur sa tête et continua :

— Je lui ai montré de quel bois se chauffait l'Incroyable Abby !

— T'es trop forte ! sourit Charlie en récupérant sa casquette.

Ben les observait depuis l'autre côté de la scène.

— C'est vrai, Dakota s'est comportée comme une garce. Abby a eu raison d'y mettre un terme, lança-t-il. Mais madame Kusama arrive, alors arrêtons de parler de ça et commençons à répéter.

— Je te suis à cent pour cent, répondit Abby. Faisons comme ça !

Plus vite cet épisode sera oublié, mieux ce sera, songea-t-elle en prenant place pour la scène d'ouverture.

17 : 20

Abby : Ben a été adorable ce matin ! ♥

17 : 21

Lucy : Oui, il a clairement pris ta défense contre tu sais qui !

17 : 22

Abby : C'est une première.

17 : 23

Lucy : En +, il était jaloux de toi + Charlie.

17 : 24

Abby : Tu crois ? Il m'a envoyé un message après ! ☺

17 : 24

Lucy : Tu vois ! 100 % jaloux.

17 : 25

Abby : Ça s'annonce bien pour la fête de fin de spectacle… ☺

17 : 26

Lucy : J'ai hâte de voir ça… mais on doit d'abord sortir vivantes de la représentation. Argh !!

17 : 26

Lucy : On va ASSURER xxx

VLOG 10

JESSIE + HERMIONE DÉJÀ OU JAMAIS ?

9 : 10

DÉBUT DE LA VIDÉO : CHAMBRE D'HERMIONE

Une grande affiche du film Harry Potter *recouvre le mur. À côté, des étagères débordent de livres. Vêtues de jeans et de sweats à capuche, Jessie et Hermione sont assises sur des poufs.*

HERMIONE

Salut, tout le monde ! Aujourd'hui, je suis en duo avec Jessie. Les filles répètent pour la dernière fois *Grease*. Je suis tellement contente de ne pas jouer dans ce spectacle. J'aurais été morte de peur !

JESSIE

C'est clair ! En plus, ça doit prendre un temps fou d'apprendre autant de texte, tu ne crois pas ? Mais elles s'en sortent très bien et on est SUPER fières d'elles. Alors, aujourd'hui, nous allons jouer à un jeu qui a beaucoup tourné sur YouTube dernièrement, ça s'appelle « Déjà ou jamais ? ». Vous nous avez envoyé des questions sur Snapchat. On doit y répondre par « Déjà » ou par « Jamais ». Hermione, tu es prête ? Tu as tes pancartes ?

Hermione les montre à la caméra.

JESSIE

Ok, c'est parti !

HERMIONE

As-tu déjà ou jamais… été exclue de l'école ?

Hermione lève la pancarte « Jamais », Jessie hésite.

HERMIONE

(Elle pousse un cri.)

Non ? Tu as déjà été exclue ?

JESSIE

Non, mais une fois j'ai cumulé tellement d'heures de colle sur une courte période que ça n'est pas passé loin. Heureusement, les vacances sont arrivées à temps !

(JESSIE lève la pancarte « Jamais ».)

À mon tour. As-tu déjà ou jamais… été prise en flagrant délit d'envoi de mot, en cours ?

Jessie lève la pancarte « Déjà ». Hermione la regarde, gênée, et lève aussi « Déjà ».

JESSIE

Vraiment ? La vilaine !

HERMIONE

(sur un ton sérieux)

C'était super important, je devais dire à quelqu'un que son stylo coulait. Il y avait de l'encre partout sur son bureau et son uniforme.

JESSIE

Ohhh ! tu es adorable ! Ok, à toi.

HERMIONE

As-tu déjà ou jamais… utilisé la brosse à dents de quelqu'un d'autre sans lui dire…

(Elle lève immédiatement la pancarte « Jamais ».)

Berk !

JESSIE

(Elle hausse les épaules.)

Bien sûr, ça m'arrive souvent quand je suis invitée à dormir chez une copine et que j'ai oublié ma brosse à dents.

HERMIONE

Pas chez moi, j'espère ! Berk ! Les microbes ! À ton tour !

JESSIE

As-tu déjà ou jamais… mangé en une seule fois un bac entier de crème glacée.

(Elle lève la pancarte « Déjà ».)

Pas plus tard que la semaine dernière, une glace au caramel beurre salé. Dé-li-cieuse ! Chez moi, tu as intérêt à tout manger le premier, sinon quelqu'un d'autre s'en charge à ta place.

Hermione lève la pancarte « Jamais ».

HERMIONE

Non ! Ça me rendrait malade ! Tiens, voici une question embarrassante. As-tu déjà ou jamais… embrassé quelqu'un en rêve.

JESSIE

Tout le monde l'a déjà fait !

(Elle lève la pancarte « Déjà ».)

L'été dernier, un garçon qui me plaisait… Heureusement, je ne dois pas dire son nom ! Et toi, Hermione ? À part Daniel Radcliffe, je veux dire ?

Hermione donne une tape à Jessie avec son carnet.

HERMIONE

Ne sois pas peste ! On peut me plaire même en étant réel, tu sais.

(Elle lève la pancarte « Déjà ».)

Je n'en dirai pas plus ! Pas moyen que je révèle mes petits secrets ici.

JESSIE

OK, continuons… As-tu déjà ou jamais… vu un fantôme ? On parle de vrais fantômes, pas de costumes d'Halloween…

(Elle lève la pancarte « Jamais ».)

Je ne crois pas vraiment en ces trucs. Et toi ?

Hermione lève doucement la pancarte « Déjà ».

HERMIONE

Tu vas sûrement trouver ça bizarre, mais j'ai vu le fantôme de mon arrière-grand-mère dans le jardin de ma grand-mère.

Jessie la regarde, les yeux écarquillés.

HERMIONE

Mais ce n'était pas effrayant. Elle était juste… là.

(Silence gênant.)

Bon, on change d'ambiance : t'es-tu déjà ou jamais… baignée toute nue ? Jess ?

JESSIE

J'adore !

(Elle lève la pancarte « Déjà ».)

Un bain de minuit dans une piscine, aux Caraïbes… C'était trop drôle… Mais je ne serais pas cap' de le faire dans l'océan. Imagine : les poissons te voient nue !

Hermione lève la pancarte « Jamais ».

HERMIONE

Je ne me suis jamais baignée seule… Alors jamais sans mon bikini !

JESSIE

Tu devrais essayer ! Je suis sûre que ça te plairait. Bon, dernière question : T'es-tu déjà ou jamais… faite passer pour quelqu'un d'autre au téléphone ?

(Elle lève la pancarte « Déjà ».)

Mon frère m'avait demandé d'appeler l'école et de dire qu'il était malade en me faisant passer pour ma mère… mais je ne pense pas qu'on m'ait crue !

Hermione rigole.

JESSIE

Je parie que tu ne l'as jamais fait.

Hermione tripote la pancarte « Jamais » avant de finalement lever la pancarte « Déjà ».

HERMIONE

Eh si… Mais c'est un peu la honte. Une fois, j'ai appelé un hôtel et j'ai dit que je travaillais avec l'agent de J.K. Rowling pour qu'on me la passe au téléphone. Je me suis vite fait capter. Ils m'ont demandé un mot de passe et j'ai raccroché. Si ça avait marché, je serais sans doute restée muette !

JESSIE

Tu es pleine de surprises ! J'adore !

Elles éclatent de rire.

JESSIE

Bon, eh bien merci tout le monde d'avoir écouté nos petits secrets ! Cliquez sur « J'aime » si ça vous a plu et n'oubliez pas de vous abonner à notre chaîne ! Salut !

Hermione et Jessie font signe à la caméra.

FIN DE LA VIDÉO.

Vues : 412
Abonnés : 759

Commentaires :
FanDeMaVieEnVlog : Votre amitié est inspirante !
Rigoloduweb54 : Le coup de la brosse à dents, ça ne me choque pas.
StephDitCoucou : Non ! C'est dégoûtant !
Billythekid : Hermione, on a le droit de savoir : qui as-tu embrassé en rêve ???
xxrarcencielxx : Sympa la vidéo !
Sammyadoreleslivres : Je me demande quel était le mot de passe de J.K.

(Faire défiler vers le bas pour voir 32 commentaires supplémentaires)

Chapitre 11

— Je viens de jeter un coup d'œil par le rideau. Le théâtre est déjà plein, dit Lucy en faisant les cent pas.

Le trac avait envahi les coulisses.

— Hermione et Jessie sont au premier rang, reprit-elle. Il y a un monde fou ! Au moins une centaine de personnes !

— C'est super ! répondit Abby, impatiente de monter sur scène.

Elle prit la pose et tira la langue. Ben prenait une photo d'elle avec ses couettes rigolotes.

— Dis-toi que ce n'est rien comparé aux nombres de spectateurs sur la chaîne, reprit-elle.

— Je sais, mais avec le montage, on con-contrôle, sur un vlog.

À son arrivée en coulisses, madame Kusama l'interrompit :

— Votre attention, s'il vous plaît ! Est-ce que quelqu'un a vu Ameeka ? demanda-t-elle, anxieuse.

— Non, mais si je peux me permettre, je trouve votre tenue parfaite, madame Kusama ! s'écria Abby, impressionnée.

Leur professeur portait un costume de chat noir avec des talons hauts. Une ceinture rose soulignait sa taille.

— Merci, Abby, c'est très gentil de ta part, dit-elle dans un grand sourire.

Madame Kusama se retourna pour observer son reflet dans un miroir.

— Pour la première, je voulais un look qui colle avec le spectacle. Au début, je pensais que les talons étaient de trop, puis je me suis dit : « Pourquoi pas, après tout, ce n'est pas tous les jours que tu présentes une production aussi exceptionnelle d'une comédie musicale culte ! »

Elle admira son reflet dans le miroir pendant que toute la troupe attendait la suite de son monologue.

— Attendez – euh – qu'est-ce que je disais ?... Ah oui ! Ameeka ? Où se cache-t-elle ? Quelqu'un a une idée ? Le rideau se lève dans dix minutes !

— Elle est là, dit Dakota d'un ton embêté, la voyant arriver derrière madame Kusama. Enfin !

En sueur, Ameeka semblait mal à l'aise. Elle se fraya un chemin à travers la troupe et attrapa Dakota par le bras pour l'emmener dans le couloir.

Ignorant que tout le monde pouvait l'entendre, elle murmura sur un ton insistant :

— Je ne peux pas le faire, Dakota. Je me sens mal !

Contre toute attente, Abby éprouva de la pitié pour elle. Elle entendit Dakota répliquer d'un ton sec :

— Oh, arrête un peu ! Tout va bien se passer. Reprends-toi un peu ! Tu n'es même pas encore maquillée.

Une lourde respiration se fit entendre.

— Je crois... que je vais abandonner ! répondit Ameeka d'une voix haletante. À chaque fois que je pense au lever de rideau, j'ai l'impression que je vais m'évanouir !

Madame Kusama calma les rires qui éclataient en coulisses, puis, à une vitesse impressionnante, compte tenu de la hauteur de ses talons, elle se précipita vers la jeune fille paniquée.

— Pauvre Ameeka, souffla Abby à Lucy. Elle me fait vraiment de la peine. Maintenant, elle sait ce qu'on a ressenti, l'autre jour !

Lucy acquiesça.

— Par contre, je suis vraiment surprise. Elle a toujours eu l'air si posée.

— Tu n'as sûrement pas le choix quand tu fais partie du clan quatre étoiles de Dakota, murmura Éric. Peut-être qu'Ameeka est nerveuse depuis des semaines, mais qu'elle n'avait pas le droit de le dire.

Le reste de la troupe termina les derniers préparatifs, tandis que madame Kusama aidait Ameeka à enfiler son costume, puis à se maquiller et à se coiffer, lui chuchotant de temps à autre des mots réconfortants. Plantée à côté, Dakota levait les yeux au ciel, exaspérée. Abby observait la scène avec anxiété. Elle était soulagée que les projecteurs ne soient pas braqués sur elle, pour une fois, mais elle se demandait comment les Pink Ladies s'en sortiraient sans Marty ? Aucune doublure n'était prévue.

— Bon, les enfants, tout est sous contrôle. Ameeka se sent mieux, annonça la professeure, pendant qu'Ameeka buvait un verre d'eau, un air impénétrable sur le visage. Est-ce que tout le monde est prêt ? Danny ? Sandy ? Très bien : allons-y !

A wop-baba-lu-bop ! A wop-bam-boom !

Sous des applaudissements assourdissants, la troupe salua le public. Abby était encore sur un petit nuage, le cœur battant encore plus vite qu'un *hand jive* effréné.

Youhou ! On l'a fait ! pensa-t-elle, soulagée de s'être souvenu de son texte et de ses pas de danse.

Son interprétation de Jan avait déclenché l'hilarité du public. À deux-trois reprises, Ameeka avait oublié son texte, mais à part ces moments de flottement, le spectacle avait été un vrai succès. D'ailleurs, Lucy avait à peine bégayé.

Lors du rappel des Pink Ladies, Abby topa dans les mains de ses amies, Ameeka comprise.

— Bien joué, lui glissa-t-elle en souriant. On a réussi !

— Ne me dis pas que tu n'as pas remarqué qu'elle avait oublié ses répliques, genre, au moins cinq fois ? grogna Dakota.

— Oh, Dakota, la ferme ! dit Abby gaiement.

Plus rien ne pouvait altérer sa bonne humeur.

— Bon, Lucy, Ameeka, la fête de fin de spectacle nous attend !

Après un coucou rapide à leurs familles et leurs amis (« Les filles, vous êtes de vraies héroïnes, les avait complimenté Hermione, vous êtes presque aussi talentueuses qu'Emma Watson ! »), les filles se changèrent pour se diriger vers le hall de l'école où nourriture et boissons avaient été disposés en buffet et des haut-parleurs diffusaient de la musique.

— Regardez, Charlie est là ! s'écria Abby. Comment a-t-il fait pour descendre aussi vite de la régie lumière ?

Accroché à une échelle, il essayait d'attacher une boule à facettes au plafond. *Un vrai Bob le Bricoleur*, pensa-t-elle avec affection. Sur l'un des murs, une bannière rose et noir proclamait : « BRAVO À LA TROUPE DE *GREASE* ! »

— Vous avez assuré, les filles, les félicita Charlie en descendant de son échelle. On n'a plus qu'à remettre ça !

— Toi aussi, tu as fait du bon boulot, répondit Abby en lui topant dans la main. L'éclairage était top, mon pote ! Vivement demain !

— Tu pourrais éviter d'évoquer les pro-prochaines représentations, la supplia Lucy. Je me remets à peine de mes émotions.

Abby poussa un petit cri de surprise en sentant qu'on lui tirait les cheveux.

— Hé, Jan, tu gardes tes couettes ?

— Oui, pour le moment, dit-elle dans un sourire.

Elle se retourna face à Ben et remarqua à peine que Charlie et Lucy s'éloignaient. Après le spectacle, elle avait retouché son maquillage pour être plus naturelle. En revanche, elle avait gardé les couettes de Jan, conscientes qu'elles lui allaient bien. Ben la dévorait des yeux, c'était évident. Il n'aurait pas dû garder sa veste en cuir des T-Birds, ça lui donnait un air un peu bête.

Joue-la cool, se dit-elle.

— T'as assuré, Kenickie, s'exclama-t-elle gaiement. On se voit sur la piste de danse !

Il lui fit un clin d'œil et, sur son petit nuage, elle se dirigea vers le buffet.

Pourtant, sa bonne humeur s'évanouit quand Dakota et Maxine firent leur entrée dans la pièce, vingt minutes plus tard.

Première pensée d'Abby : « *Elle a l'air… photoshoppée !* »

Dakota était d'une beauté à couper le souffle. Ses cheveux étaient parfaitement bouclés et elle portait une robe rouge moulante avec de magnifiques sandales noires. Elle envoya dans les airs un baiser à Maxine, puis se dirigea vers le groupe des T-Birds, laissant une odeur vanillée dans son sillage, consciente des regards de l'assistance.

— Euh… elle est au courant que c'est une fête dans le hall du collège ? ricana Lucy. Elle en fait un peu trop là. On dirait de la haute couture ! Vous imaginez si elle tache sa robe avec du gâteau ou du jus de fruit ?

— Cette fille est ridicule, décréta Charlie en avalant une poignée de chips. Elle est tellement égocentrique, c'est pathétique. Et pénible ! Allez, on va danser ? Je filmerai peut-être ! Abby, tu viens ?

Abby l'ignora, toujours captivée par Dakota qui discutait maintenant avec Ben.

— Elle a planifié ça depuis des semaines, soupira Ameeka. Et elle a décidé de mettre le paquet sur la robe quand Ben s'est énervé contre elle, à la répétition en costumes.

Le rouge monta aux joues d'Abby. Elle défit ses couettes sur le coup.

— Elle croit vraiment qu'elle a ses chances avec lui ?

Ameeka lui lança un regard de pitié. Son air de peste était de retour.

— Ma chérie, c'était sa seule motivation pour participer au spectacle. Elle court après lui depuis une éternité. Et apparemment, Ben n'est pas contre.

Quand Abby leur jeta à nouveau un regard, elle sentit son estomac dégringoler dans ses chaussures (une paire de Converse à paillettes, à quoi pouvait-elle bien penser quand elle avait choisi de les porter ? Elle n'avait quand même plus cinq ans !). Dakota avait passé son bras autour de Ben, qui riait.

— Je croyais qu'il la détestait, il la trouvait nulle ! Et il me draguait, soupira Abby. Vous êtes témoins, non ?

— Laisse tomber, dit Lucy, sentant les ennuis approcher. Charlie a rai-raison, allons danser. Regarde, tout le monde est sur la piste, même madame Kusama !

Leur professeure se trémoussait comme Taylor Swift, jouant avec ses cheveux... Tous éclatèrent de rire et s'avancèrent pour la rejoindre. À l'exception d'Abby, les yeux toujours rivés sur Ben et Dakota… alors même que celui-ci, hilare, passait sa main derrière ses cheveux brillants et l'attirait vers lui pour l'embrasser…

VLOG 11

LE PIRE JOUR DE MA VIE

1 : 45

DÉBUT DE LA VIDÉO : CHAMBRE D'ABBY – NUIT

Abby porte toujours sa tenue de fête : un jean et un haut noir. Les cheveux en bataille, elle a des yeux de panda. En arrière-plan, la chambre est en fouillis. Des vêtements en boule forment des montagnes sur le lit.

ABBY

Salut, tout le monde. Il est très tard, je ne dois pas faire trop de bruit ! Ma mère me croit endormie. Je rentre à peine de la fête de fin de spectacle de *Grease* et c'est à mon tour de vloguer. À la base, j'ai choisi ce créneau parce que je pensais passer vraiment une soirée incroyable… mais comment dire ? Mon enthousiasme est vite retombé. Alors, je vais improviser, et même si ce n'est pas ce qu'il y a de plus joyeux, je vais vous ouvrir mon cœur pour vous dire comment je me sens…

(Elle s'essuie les yeux et prend une grande inspiration.)

Alors voilà…
J'ai mis beaucoup d'énergie dans *Grease* pour apprendre le texte – pas simple pour moi –, et pour retenir les pas de danse – pas facile non plus –, et faire face à toutes les tentatives de sabotage et de harcèlement des personnes qui en avaient après moi, sans raison valable autre que la méchanceté. Jalousie. Lâcheté. Cruauté.
En plus, j'avais ma dose de stress au collège avec les devoirs et les efforts fournis pour m'améliorer sur le plan scolaire.

(Elle se met à pleurer.)

Plus de travail, ça signifie moins de moments YouTube et pire, moins de temps avec mes amies. J'ai vraiment essayé de faire preuve de maturité et de discipline.
Pendant cette période difficile, j'ai pu m'appuyer sur le soutien de mes fidèles amies, PLUS sur une lueur d'espoir à l'horizon. Quelque chose que je souhaitais très fort, j'en rêvais. Mais ce soir, mon rêve a été réduit en cendres…
Je ne sais pas si j'ai été victime d'un complot ou si je me suis tout simplement trompée – peut-être un peu des deux –, mais ce soir, j'ai été trahie. Je me sens tellement stupide. Ça fait TRÈS mal.

(Elle sanglote.)

Je vais essayer de dormir, maintenant… mais merci à tous pour votre soutien. C'est très important pour moi. Bonne nuit.

Abby renifle et éteint la caméra.

FIN DE LA VIDÉO.

Commentaires désactivés

Chapitre 12

23 : 49

Lucy : J'ai vu ton vlog, tu vas bien ?!!

00 : 03

Lucy : Je suis désolée pour toi, Ben est un gros naze ☹.

08 : 21

Lucy : T'es là ? Décroche ton téléphone xx.

Abby faisait défiler ses messages. Son écran s'alluma lorsque Lucy essaya encore de la joindre. Elle savait que son amie s'inquiétait pour elle, mais elle n'avait pas la force de lui répondre, ni même de lui écrire un message. C'était comme si le vlog de la nuit précédente l'avait complètement vidée.

Elle s'était réveillée à cinq heures du matin, pleine de regrets et paniquée à l'idée d'avoir rendu publics son embarras et sa colère. Elle avait retiré son vlog, mais Lucy – et probablement beaucoup d'autres – l'avait déjà vu. Abby priait pour que ce ne soit pas le cas de Ben, mais après tout, qu'importe ? Il s'était moqué d'elle depuis le début.

Comment a-t-il pu me laisser tomber comme ça ? se demanda-t-elle pour la millionième fois. Pourquoi lui avoir envoyé des SMS et avoir flirté avec elle si tout ce qu'il voulait, c'était sortir avec Dakota ?

— Les garçons sont nuls, Mouflet, grommela-t-elle en piochant des poignées de céréales dans la boîte qu'elle avait cachée dans sa chambre.

Elle se coucha sur son lit, la tête posée sur le corps doux et chaud de Mouflet. Le chien habituellement hyperactif semblait comprendre qu'elle avait besoin de calme. Il lui lécha doucement la joue avec sa petite langue rugueuse, provoquant chez sa maîtresse le premier sourire de la journée.

Un froncement de sourcils le remplaça quand son téléphone sonna à nouveau.

— Lucy, t'as pas saisi ? Je ne suis pas d'humeur à parler, marmonna-t-elle jetant un coup d'œil au SMS. Lâche-moi les baskets !

Mais le message provenait d'un numéro inconnu :

08 : 42

> **Numéro Inconnu :** Abby, c'est toujours ton numéro ? C'est Tiffany. J'étais trop occupée pour t'envoyer un email. Désolée pour ce message de dernière minute, mais est-ce que vous êtes dans le coin cet après-midi pour filmer un truc de Noël toutes ensemble ? Je serai dans les parages à partir de 15 h. Tiens-moi au jus. J'espère te voir ! xxx

Abby manqua de s'étrangler avec ses céréales.

Quand Tiffany avait arrêté de répondre à ses emails, elle avait supposé qu'elle n'avait plus le temps pour leur vlog. Elle se leva d'un bond, à la surprise de Mouflet qui se mit à japper et à courir en rond.

— Ça y est, Mouflet ! s'écria-t-elle en le saisissant et l'embrassant sur le museau. Ma récompense après toutes ces horribles épreuves ! C'est le grand jour… On va faire un vlog avec l'unique, la seule, l'INCROYABLE et GÉNIALISSIME RedVelvet !

Surexcitée, elle appela les filles une par une. Lucy en premier, en balayant ses questions sur Ben (il s'avéra qu'elles avaient toutes vu sa vidéo). Hors d'haleine, elle leur annonça la nouvelle. Toutes proposèrent d'abandonner leurs activités sur-le-champ pour venir préparer le vlog chez Abby. Heureusement, sa mère et son frère étaient sortis pour la journée faire des courses de Noël (Abby avait simulé un mal de tête pour en être dispensée). Les filles avaient donc la maison pour elles.

— Tiffany t'a dit ce qu'elle porterait ? demanda Lucy quand Abby la rappela dix minutes plus tard pour discuter des tenues.

— Oh non, ce n'est pas vrai, s'écria Abby en paniquant. Tiffany ! J'ai oublié de répondre à son message pour confirmer !

Elle put pratiquement entendre Lucy lever les yeux au ciel à l'autre bout du téléphone.

— Dis-moi que c'est une plaisanterie ?

— Je m'en occupe tout de suite, on parlera plus tard ! cria-t-elle.

Elle raccrocha et fit défiler ses messages à toute vitesse. Lorsqu'elle trouva celui de Tiffany, elle se dépêcha de pianoter sa réponse :

09 : 11

Abby : OUI ! On est toutes les quatre partantes ! Qu'est-ce qu'on doit préparer ? xx

La réponse arriva quelques secondes plus tard.

09 : 12

Tiffany : Génial ! 😄 Des idées de tournage ? xx

Abby : À VRAI DIRE, OUI ! PLEIN !

Quand la sonnette de la porte retentit, dix minutes plus tard, elle se rua en bas, le téléphone encore collé à sa main. En ouvrant la porte, elle fut surprise de se trouver face à Charlie.

— Hey ! dit-elle en le serrant dans ses bras. Je ne t'attendais pas !

Il avait l'air un peu surpris. Elle pensa que c'était parce qu'elle avait l'air beaucoup plus gaie que la dernière fois qu'ils s'étaient vus, à la fête, et VRAIMENT plus gaie que dans la vidéo – s'il l'avait vue. Quelque chose sur son visage lui faisait penser que oui.

— Alors, comment ça va ? demanda-t-il en rentrant puis en refermant la porte d'entrée.

Elle remarqua combien ses joues et le bout de son nez étaient rouges.

— Il fait hyper froid dehors ! expliqua-t-il. Salut, Mouflet !

Le chien s'approcha de lui et se mit à mâchouiller l'un de ses lacets.

— Ça va super, désolée si j'étais dans tous mes états hier soir, mais je me sens beaucoup mieux aujourd'hui, répondit Abby en souriant. Tu veux boire quelque chose ? Josh est sorti avec maman. Par contre, je suis pressée.

Charlie la suivit jusqu'à la cuisine, ôtant sa parka.

— Ah bon ? On était censés tourner aujourd'hui... J'ai dû oublier de le lui rappeler. La mémoire de ce garçon est une vraie passoire.

Il s'assit à table en lui lançant un regard, il ne semblait pas si déçu de l'absence de Josh. À moins qu'elle ne se fasse des films ?

— Coca, smoothie ou café ? proposa-t-elle, soudain troublée.

— Café, s'il te plaît, avec quatre sucres, répondit-il, souriant devant son air dégoûté. Bah quoi ? J'ai besoin d'énergie !

— Si tu le dis, ria-t-elle.

Je rêve ou je rougis ? se demanda-t-elle en sentant ses joues se réchauffer. *Pas de doute, je rougis. Mais pourquoi ? Ce n'est que Charlie !*

Après une pause, Abby alluma la radio. *All I Want for Christmas*, de Mariah Carey, emplit soudain la cuisine.

— Je suis très content de voir que tu ne te laisses pas saper le moral par cet abruti de Ben, dit Charlie dès qu'elle eut tourné le dos pour remplir la bouilloire. Je ne voulais rien dire avant parce que je voyais bien que vous étiez amis, mais ce mec recherche trop les regards. Il ne mérite pas ton attention, crois-moi.

Abby tressaillit. La peine et l'humiliation avaient refait surface en un éclair.

— Je n'étais pas vraiment amie avec lui, de toute évidence... Mais j'aimais bien nos répétitions et il me semblait que notre relation prenait une nouvelle tournure…

Quand elle se retourna, Charlie la fixait sans ciller, d'un air anormalement sérieux.

— Mais c'était peut-être seulement dans ma tête ! Mon imagination me joue parfois des tours. C'est pas grave !

Par pitié, peut-on changer de sujet, supplia-t-elle en silence.

— Il t'a clairement menée en bateau, Abby… On l'a tous remarqué. Je ne sais pas à quoi il jouait exactement, mais c'était pas cool.

Charlie s'éclaircit la gorge.

— N'oublie pas que tu vaux un million de fois mieux que lui, d'accord ? N'importe quel mec serait chanceux d'être avec toi.

— Houlà, arrête, je vais devenir rouge fluo ! dit-elle pour détendre l'atmosphère.

C'était la première fois qu'ils avaient une discussion sérieuse. Comme par magie, les mots de Charlie effaçaient sa tristesse. Pourquoi se montrait-il si gentil ? Simplement parce qu'elle était la sœur de Josh ?

Elle lui servit son café et s'assit à ses côtés, en chantonnant du Mariah Carey.

— Alors, qu'est-ce que toi et Josh aviez prévu de filmer, aujourd'hui ?

— Figure-toi que cette musique est vraiment appropriée ! s'exclama Charlie en souriant. On voulait faire une farce à nos spectateurs avec ceci...

Il sortit une branche de gui de sa poche.

— Pfiou, ça m'a lacéré la jambe toute la matinée ! On va faire semblant de faire un sondage. On posera quelques questions aux gens sur leurs projets pour Noël. Ensuite on leur demandera s'ils croient au pouvoir du gui, quand on le tient comme ça...

Il le plaça entre son visage et celui d'Abby. Elle rit.

— Et après tu espères qu'ils vont t'embrasser ?

— Eh bien, je me contenterai d'un bisou sur la joue, répondit-il.

Il la regarda et l'atmosphère changea.

— Mais je parie que l'Incroyable Abby ne tomberait pas dans mon piège.

Abby se figea. Cette matinée était en train de devenir la plus étrange de sa vie !

— Je ne sais pas, peut-être ? rit-elle, tandis que Charlie continuait de la regarder dans les yeux. La radio enchaîna sur un autre classique de saison.

— Petite Abby Noël, quand tu descendras du ciel avec tes sourires par milliers... n'oublie pas mon petit baiser... chantonna-t-il.

Abby sentit son cœur faire un bond. Elle était à la fois amusée et nerveuse – Charlie était tellement adorable ! Soudain, son téléphone lui signala l'arrivée d'un texto. Elle jeta un coup d'œil.

— C'est Ben !

Ben : Il faut que je te parle.
Tu peux me rappeler ? xxx

Charlie arrêta immédiatement de chanter.

— Ignore-le, dit Charlie.

— Bonne idée.

Abby lui sourit. Elle l'observa agiter la branche de gui, une lueur dans les yeux.

— On en était où ? Ah oui, tu voulais essayer ta blague débile sur moi.

Elle se rapprocha de lui et avant qu'elle comprenne ce qu'il se passait, leurs lèvres se touchèrent. *On s'embrasse !* s'étonna-t-elle. Des chatouillis envahirent tout son corps. *Un vrai baiser ! C'est dingue ! Il sent trop bon !*

DING-DONG ! DING-DONG !

Après plusieurs coups de sonnette, ils se détachèrent l'un de l'autre.

— C'est sûrement les filles, on a des trucs urgents à faire pour « Ma vie en vlog », dit Abby en ponctuant sa phrase de rires. C'était... bien !

— Oui ! répondit Charlie, un sourire timide aux lèvres.

Il se redressa et se gratta la nuque.

— Je ne suis pas certain de vouloir faire cette blague à quelqu'un d'autre, maintenant. On se voit bientôt ?

— Bien sûr ! lui cria Abby en se précipitant vers la porte. À bientôt, Charlie !

VLOG 12

MA VIE EN VLOG – SPÉCIAL NOËL AVEC REDVELVET !

11 : 00

DÉBUT DE LA VIDÉO : SALON D'ABBY – JOUR

Abby, Lucy, Jessie et Hermione portent des pulls de Noël. Elles sont assises sur le canapé et sur un pouf. RedVelvet/ Tiffany serre contre elle Bambi, son bichon frisé. Le chien est affublé d'un bonnet de Père Noël. Mouflet court comme un fou dans une tenue d'elfe.

ABBY

Salut, tout le monde ! Bienvenue dans ce vlog totalement improvisé ! Aujourd'hui, nous sommes toutes réunies sur une idée surprise de la complètement géniale Tiffany, plus connue sous le pseudo de RedVelvet !
On est trop contentes !

HERMIONE

Et honorées…

ABBY

Bien sûr… On est flattées qu'une IMMENSE star de YouTube vienne vloguer avec nous !

TIFFANY

(Elle rigole.)

OK, du calme, les filles… Je ne vois pas ce qui vous étonne. Je passe juste faire un petit coucou à ma nouvelle chaîne préférée, « Ma vie en vlog », pour voir comment vous allez et vous souhaiter un Joyeux Noël ! Je suis tellement heureuse d'être ici pour fêter votre succès. Vous avez déjà près de mille abonnés !

LUCY

Quelle aventure !

TIFFANY

Je sais que vous avez multiplié les projets passionnants. Comme avec le spectacle de *Grease*. Avec un tube ! « Summer Nights » !

ABBY

Hummm, ce projet a été un peu compliqué à gérer, mais, oui, on a assuré la nuit dernière. Il nous reste quatre représentations à donner ! Ça a été un sacré challenge, sur plein d'aspects, mais on a assuré. Et Lucy est géniale en Frenchy !

LUCY

Abby, je suis gê-gênée…

JESSIE

Vous êtes toutes les deux fantastiques ! Et maintenant, passons aux questions ! C'est à toi, Hermione…

HERMIONE

On n'a eu que très peu de temps pour préparer ce vlog. Alors on a pensé créer notre questions-réponses de Noël. On écrira les questions dans la description, juste sous la vidéo. Comme ça vous pourrez y répondre plus tard, dans vos propres vlogs !

TIFFANY

Waouh, allons-y ! Qui pose les questions ?

HERMIONE

MOI ! Première question : Quel est ton film de Noël préféré ?

TIFFANY

Humm. Pas facile. Sûrement *Love Actually* ou peut-être *Maman, j'ai raté l'avion.* Oups – Bambi veut aller jouer avec Mouflet !

Les chiens se courent après.

JESSIE

Moi, c'est le film « *Elfe* » ! Il est trop drôle !

LUCY

Oui, je l'adore. Mais j'aime aussi *Le Grinch.* Cindy Lou me fait penser à ma petite sœur…

TIFFANY

Trop chou ! Et toi, Hermione ?

HERMIONE

Eh bien, c'est un vieux film d'animation, *Le bonhomme de neige*. Quand il vole, ça me met toujours les larmes aux yeux !

(Elle toussote, émue.)

Bon, question suivante ! Quel est ton plat de Noël préféré ?

JESSIE

Des roulés feuilletés à la saucisse ! Miam !

TIFFANY

Des biscuits au pain d'épices. Sans hésitation.

ABBY

Les tartelettes sucrées. Toi aussi, tu adores ça, Mouflet, n'est-ce pas ?

LUCY

Le pudding de Noël ! Ils n'ont pas ça aux États-Unis.

HERMIONE

Suivante ! Ta chanson de Noël préférée ?

TIFFANY

C'est une vieille chanson qui est sans cesse reprise…

(Elle commence à chanter.)

Santa Baby – Oh ! J'ai oublié les paroles… *dum de dum and hurry down the chimney tonight !*

(Elle rigole.)

ABBY

Je la connais ! Elle reste bien en tête ! J'adore celle de Mariah Carey « All I Want for Christmas is You » !

LUCY

C'est ma préférée aussi, mais j'ajouterai « Santa Claus is Coming to Town » – la version de Justin Bieber, bien sûr !

JESSIE

Oh, j'adore aussi « I saw Mommy Kissing Santa Claus ». Ça me rappelle mes parents et tous les merveilleux Noël que nous avons passés ensemble !

HERMIONE

(Elle s'impatiente.)

OK, question suivante ! Qu'est-ce qui est en haut de votre liste de souhaits, pour Noël ?

TIFFANY

Faire un don à mes associations préférées pour les animaux : celle qui protège les éléphants et les rhinocéros chassés pour leurs défenses et…

(Elle se tourne vers Lucy.)

... celle de ta ferme.

LUCY

Génial ! Moi, je voudrais un nou-nouveau smartphone. Le mien était à ma mère. Il est assez vieux. Et toi, Abby ?

ABBY

J'aimerais avoir des éclairages de studio pour tourner mes vlogs. La lumière naturelle ne suffit pas toujours !

JESSIE

Pas facile, comme question... J'aimerais recevoir un nouveau kit pour la gym, mais en même temps je rêve d'avoir mon propre skateboard, pour ne plus avoir à emprunter ceux de mes frères. Et toi, Hermione ?

HERMIONE

J'ai noté une longue liste des livres que je rêve de lire. Mais maintenant que je me suis mise aux vlogs, je pense que j'aurais bien besoin d'une bonne caméra !

TIFFANY

Je suis impressionnée ! On sent que cette chaîne YouTube compte pour vous !

LUCY

On s'éclate tellement ! J'ai du m-mal à me rappeler comment c'était avant de commencer. Tu t'en souviens, Abby ?

ABBY

Non… Mais il temps de s'amuser : grignoter, mettre à fond des musiques de Noël. Esprit de Noël !

JESSIE

Oh ! Oh ! Oh ! Joyeux Noël à tous !

Un montage montre les filles en train de rire, manger des gâteaux, décorer le sapin d'Abby, emballer des cadeaux, danser avec Tiffany et faire de grands gestes à la caméra. Pendant ce temps, les chiens courent comme des petits fous.

FIN DE LA VIDÉO.

Vues : 25 365
Abonnés : 4 789
Commentaires :
MagicMorgan : OMG ! AVEC REDVELVET !!!
xxarcencielxx : J'adore !
RedVelvetsuperfan : OH ! OH ! OH !
FanDeMaVieEnVlog : Je regarderais votre chaîne même sans RedVelvet, mais j'avoue, elle est #*sublime* !!!

RedVelvet : Merci pour cette SUPER journée. Bisous.
Amoureuxdesanimaux101 : Mouflet + Bambi pour la vie !
FilleTimide1 : C'est votre meilleur vlog !
Hashtag Hermione : Les filles, on approche des 5 000 abonnés !!! 😲
Lucylou : !!!!
Incroyable_Abby_xxx : Joyeux Noël à tous ! Je vous adore !

(Faire défiler vers le bas pour voir 390 commentaires supplémentaires)

Le TOP 10 des conseils pour créer tes propres vidéos sur YouTube #2

Tu découvriras ici quelques astuces pour créer tes propres vidéos, comme Abby et sa bande ! N'oublie pas que, pour ouvrir un compte YouTube, tu dois avoir au moins treize ans. Si tu es trop jeune, rien ne t'empêche de te filmer pour le fun. Ainsi, lorsque tu seras assez âgé(e) pour lancer ta chaîne, ton expérience t'aidera à faire sensation sur le web !

1/ Un bon éclairage

Comme tu as pu le lire dans le TOP 10 des conseils du premier tome de *Ma vie en vlog*, la plupart des nouveaux vlogueurs se filment avec la lumière naturelle. Mais en gagnant de l'expérience, tu remarqueras qu'un bon éclairage peut vraiment faire la différence. À moins de vivre dans une région toujours ensoleillée – plutôt dans le sud, donc ! – tu pourrais avoir besoin d'un éclairage artificiel pour tes vidéos.

Pour obtenir une bonne lumière à peu de frais, ajoute simplement quelques lampes de table à ton décor. Si tu peux économiser un peu d'argent, investis dans des lumières de studios. On en trouve à tous les prix sur Internet. Diffuseurs de flash, kit d'éclairage avec parapluies de studio photo ou anneaux lumineux sont parfaits pour filmer en gros plan.

Conseil de pro : Beaucoup de youtubeurs ont publié des tutoriels dans lesquels ils détaillent leur équipement. Renseigne-toi sur leurs vlogs avant d'investir !

Conseil de pro : Si tu as au moins deux batteries pour ta caméra, assure-toi que la batterie de rechange est chargée à 100 % lorsque tu utilises l'autre.

2/ Les vlogs en prise de vue fixe

Avant de filmer une vidéo statique, contrôle la stabilité de ta caméra. Pense aussi à vérifier ton cadre. Ce serait vraiment frustrant de filmer toute une vidéo pour te rendre compte à la fin que ta tête est coupée ! Un ami peut t'aider à vérifier le cadre et la netteté de l'image. Si tu es seul(e), fais un essai avant de te lancer !

Conseil de pro : Avec un trépied vidéo, tu seras assuré d'avoir une image stable.

3/ Les vlogs avec des mouvements de caméra

Lorsque tu filmes une vidéo en mouvement, essaie de varier les prises de vue. Ton vlog n'en sera que plus intéressant visuellement. Teste des angles originaux : par exemple, filme tes pieds quand tu marches, ou allonge-toi et filme le ciel.

Conseil de pro : Choisis toujours la plus haute résolution pour filmer.

Conseil de pro : Filmer en étant proche de ton sujet te permettra de conserver une bonne qualité audio.

4/ Le b.a.-ba du montage vidéo

Au premier abord, monter un film est loin d'être du gâteau. Mais ne t'inquiète pas : tes montages s'amélioreront avec la pratique

Veille à proposer des vidéos structurées avec une introduction, le développement de ton sujet et une conclusion. La plupart des vlogueurs débutants utilisent iMovie ou Windows Movie Maker pour leurs montages.

5/ Le montage vidéo avancé

Les vlogueurs les plus expérimentés préfèrent utiliser d'autres logiciel, tels que Final Cut Pro, Adobe Premiere ou Sony Vegas. Ces programmes beaucoup plus sophistiqués offrent une large palette d'effets mais ils coûtent très cher ! Certains préfèrent s'en tenir à des logiciels standards et utiliser leur argent pour des activités ou achats qui deviendront les sujets de leurs vlogs !

Conseil de pro : Utilise les outils de correction des couleurs pour éclaircir les vidéos trop sombres, atténuer les ombres et braquer les projecteurs sur certains détails !

Conseil de pro : Ne sois pas trop perfectionniste ! Le contenu et l'ambiance qui se dégagent de tes vidéos sont plus importants que leur qualité technique.

6/ Lance ta chaîne

Garde toujours à l'esprit que tu as lancé tes vlogs pour faire des vidéos qui TE plaisent. Si tu t'amuses lors de tes tournages, d'autres personnes le ressentiront et auront envie de s'abonner à ta chaîne.

Conseil de pro : Fais connaître ta chaîne sur les réseaux sociaux (Twitter, Snapchat et Instagram...).

7/ Augmente le trafic de ta chaîne

Tes premiers abonnés te permettront d'identifier tes vidéos les plus populaires. Ils pourront aussi te proposer des idées de vlogs. Pour augmenter le trafic sur ta chaîne, essaie de tourner des vlogs qui leur plairont – tout en TE faisant plaisir. Si tu t'amuses, tes abonnés s'amuseront aussi. Alors, ne te mets pas la pression et éclate-toi !

Conseil de pro : Lorsque tu commentes les vidéos d'autres youtubeurs, n'en profite pas pour te faire de la pub. Sois simplement toi-même !

Conseil de pro : Sois prudent(e) ! Ne donne jamais ton adresse ou ton numéro de téléphone en ligne.

8/ Les vidéos tags

Tu as aimé le défi de Noël d'Abby et sa bande ? Cherche à ton tour des idées de tags amusants sur YouTube. Les vidéos tags sont une super façon de faire la connaissance d'autres vlogueurs. Dès que ta vidéo est dans la boîte, mentionne tes youtubeurs préférés et envoie-leur le lien de ton vlog. Peut-être qu'ils penseront à leur tour à te taguer !

9/ Filme-toi avec tes animaux !

Tu as peut-être un chien aussi adorable que Mouflet ? Ou un cochon d'Inde ? Dans ce cas, pourquoi ne pas les faire participer à tes vidéos ? Mais attention ! Ils risquent de te voler la vedette ! Et surtout, avec des animaux, prépare-toi à beaucoup d'imprévus !

Conseil de pro : Pour un vlog mignon mais maîtrisé, ne fais intervenir ton animal que dans l'introduction de ta vidéo !

10/ Tu hésites à publier un contenu ? Alors attends !

Tu te souviens du chapitre 12 ? Abby a regretté d'avoir livré ses sentiments à la caméra. Quelques heures après avoir publié son vlog, elle l'a effacé ! Si tu n'es pas sûr(e) de vouloir publier une vidéo, il y a sans doute une raison à cela. Essaie de te poser ces questions :

- Veux-tu que les gens voient ta vidéo ?
- Garde à l'esprit que tout ce qui est publié sur Internet laisse des traces. Même si tu choisis d'effacer ta vidéo, quelqu'un pourrait l'avoir copiée ou filmée sur son téléphone. Des inconnus pourraient même la reposter sans ta permission !
- Si tu n'es pas fier(e) de ta vidéo à 100 %, ne la publie pas.

Et surtout n'oublie jamais... DE RESTER PRUDENT(E) SUR INTERNET ! Demande à tes amis et à ta famille s'ils acceptent qu'une vidéo sur laquelle ils apparaissent soit diffusée en ligne AVANT de la publier. Et ne donne JAMAIS ton identité, ton adresse ou des détails sur ton collège ou ton lycée. De même, ne tourne pas de vlog dans ton jardin s'il est facilement reconnaissable.

Tourne vite la page pour découvrir un extrait du prochain tome de Ma vie en vlog.

MA VIE EN VLOG

C'est la cata pour Hermione !

(sur sa chaîne YouTube)

À paraître début 2018 !

Chapitre 1

— Tu ne m'avais pas menti, Lucy ! On se croirait vraiment à Poudlard, ici ! s'exclama Morgane en entrant dans la salle de cours.

L'administration l'avait autorisée à suivre Lucy le jour de la reprise. Après quoi, elle prendrait son vol pour les USA avec ses parents.

— Hermione, c'est vraiment super que tu aies fait visiter les bâtiments à Lucy quand elle a débarqué, continua-t-elle. C'est tellement différent de notre collège aux *States* !

Hermione sourit. La rentrée de septembre lui semblait si loin.

— Lucy s'est très bien intégrée – après avoir glissé dans une flaque géante, le premier jour !

— C'était une manière efficace de se faire remarquer par toute la classe ! la taquina Jessie.

— Pitié ! Arrêtez de me parler de ça ! souffla Lucy en prenant place à son bureau.

Elle sortit une boîte de son sac et proposa à ses amies quelques biscuits de Noël.

— S'il n'y avait que notre classe qui m'avait remarquée... reprit-elle. Mais le montage de Dakota a fait le buzz dans tout le collège.

— C'est vrai, c'était PAS COOL, s'écria Morgane. Elle est où, d'ailleurs, cette fameuse Dakota ? Je ne peux pas la sentir !

Elle jaugea du regard les autres élèves.

— Au fait, Abby, où est Ben, le beau gosse avec qui tu jouais dans *Grease* ? Lucy m'en a parlé. Il est bien dans ta classe ? Est-ce qu'il te plaît autant que Charlie ?

Gênée, Abby se figea. Hermione grimaça en signe de compassion. Morgane parlait fort et Ben ne se trouvait qu'à quelques mètres du bureau de Lucy. Il fit mine de ne pas entendre, l'air absorbé par son téléphone. Abby se mit malgré tout à rougir. Hermione ne savait pas exactement où son amie en était avec Ben et Charlie, mais il ne fallait pas être devin pour comprendre que c'était un sujet sensible. Surtout depuis que Ben avait embrassé Dakota, après la première de *Grease*.

— Est-ce que Ben et Dakota sont ensemble ? demanda Morgane d'une voix forte. Abby, tu es incroyable ! Je ne peux pas croire qu'il ait choisi d'être avec elle plutôt qu'avec toi !

Au comble du désespoir, Abby se jeta sur Morgane pour lui fourrer un biscuit dans la bouche. Hermione ne put retenir un rire.

Quelques minutes plus tard, Hermione montrait à Lucy un des cadeaux de Noël qui lui avait le plus plu : une gourde *Harry Potter* avec le blason de Poudlard. Mademoiselle Piercy fit alors son entrée.

— Votre attention s'il vous plaît ! dit-elle pour interrompre les bavardages. Je vous souhaite à tous une bonne reprise. Morgane, nous sommes très heureux de t'avoir parmi nous aujourd'hui.

— Merci, c'est super d'être ici ! répondit Morgane avec un grand sourire. J'en profite pour vous dire que j'aime beaucoup votre chemisier !

Comment fait-elle pour être aussi sûre d'elle ? se demanda Hermione. *Je ne pourrais jamais parler à une prof comme ça, encore moins si je ne la connais pas !* Elle surprit le regard d'Abby et se retint pour ne pas éclater de rire.

— Oh, merci beaucoup, lui répondit mademoiselle Piercy en baissant les yeux sur sa chemise turquoise et blanche à pois. Bon, reprit-elle, je vois que vous êtes tous un peu agités. Croyez-moi, je regrette autant que vous que les vacances de Noël soient déjà terminées. Alors, certes, nous nous retrouvons à nouveau enfermés dans cette salle, mais j'ai une nouvelle qui pourrait bien vous plaire...

— On n'aura plus de devoirs jusqu'à la fin de l'année ? s'écria Jessie.

— Jamie Oliver va travailler à la cantine ? demanda Éric.

Sous le regard timide d'Abby, Ben applaudit l'idée de son camarade.

— C'est presque aussi bien, répondit mademoiselle Piercy dans un grand sourire. Tous les élèves de quatrième auront ce trimestre la possibilité de partir en voyage scolaire en France. Nous vous proposons d'aller skier dans une très jolie station de sports d'hiver des Alpes dans laquelle nous nous rendons chaque année. C'est une opportunité fantastique ! Nous pouvons même organiser des leçons de snowboard, si un nombre suffisant d'élèves sont intéressés. Vous trouverez la feuille d'inscription sur le tableau d'affichage.

Un voyage scolaire dans les Alpes ? Hermione jeta un regard à Lucy. Leurs visages s'illuminèrent. C'était vraiment une bonne nouvelle !

— J'ai hâ-hâ-te ! Ça v-va être génial ! chuchota Lucy.

Avec l'excitation, son bégaiement était plus prononcé.

— J'adore skier ! reprit-elle. Si on y v-va tou-toutes, on pourra tourner un vlog du voyage !

Depuis chaque côté de la classe, Abby et Jessie se firent de grands gestes. Visiblement, elles avaient eu la même idée. Un voyage « Ma vie en vlog » serait parfait pour faire passer leur chaîne au niveau supérieur.

— Les filles, pensez à accrocher des caméras Go Pro à vos casques ! s'écria avec enthousiasme Morgane, oubliant de baisser sa voix. Vous pourrez filmer des plans inclinés et afficher votre vitesse !

Le cœur serré, Hermione écouta mademoiselle Piercy continuer à parler du voyage. Pour partir, il fallait une autorisation parentale. L'humeur actuelle de sa mère ne lui laissait que peu de chances. Et plus elle pensait à ce voyage, plus elle s'inquiétait. Elle ne pensait pas être faite pour descendre à toute vitesse une piste glacée... encore moins avec une caméra à la main ! Mais elle devait bien reconnaître qu'un voyage à l'étranger serait très amusant...

Slalom

en mode
super lecture !

Toujours disponible : le tome 1 de la série !

Composition : Facompo,
Lisieux

MIXTE
Papier issu de
sources responsables
FSC® C003309
FSC
www.fsc.org

Achevé d'imprimer en Allemagne
par GGP Media GmbH
à Pößneck
en mars 2017

Dépôt légal : mars 2017